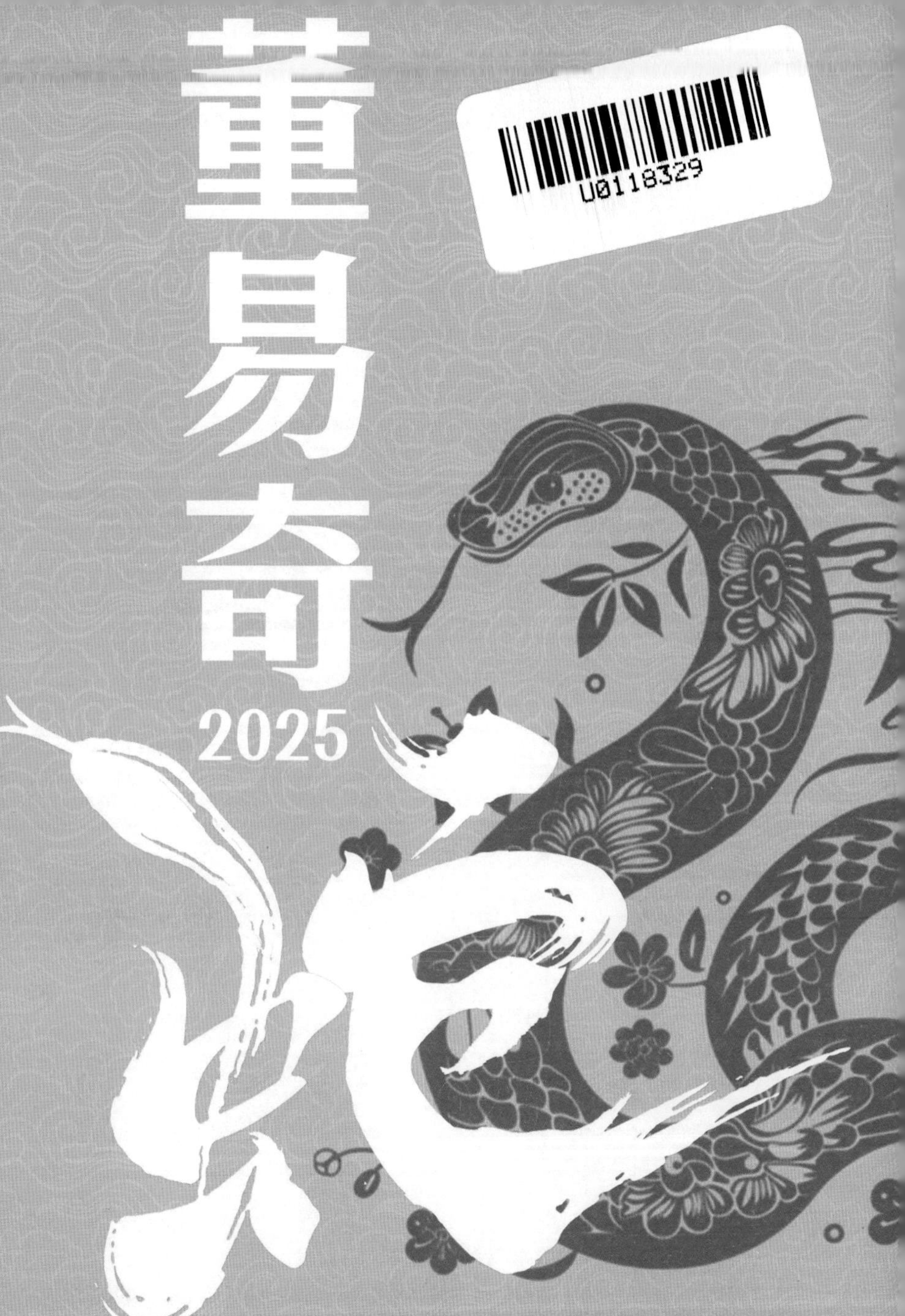

年開運招財寶典

目錄

目錄

目錄

關於董易奇老師

- 董易奇老師，國際著名易學專家、堪輿學家；
- 互聯網應用程式開發及跨界融合專家，傳統堪輿命理學標準化、數字化、人工智能化推動者，「易奇八字」系列應用程式發明人；
- 現任廣州易祈文化科技有限公司董事長、世界華人周易協會會長。

世家承訓早成業，胸懷遠志赤子心

董老師祖籍山東，出生於孔孟鄉里、易學世家，家中世代皆為周易及堪輿明師，盛名遠揚。沉浸於祖父兄長之家學薰陶，董易奇老師亦幼承庭訓，年僅7歲既以《周易》開蒙。先生因天資聰穎，垂髫之年業已精通家學易道，承襲世傳不宣之祕法，於占卜、推命、堪輿、擇吉、姓名、化解等方面皆有深厚造詣。

先生以其過人早慧，年方16歲既受廣東易學會邀請，遠赴廣州，攜家學祕法講學授課，而今已是桃李天下。出道至今已將近三十年，但董易奇老師從未止步於「風水師」的自得自在，而是始終以博大胸懷和強力擔當，將捍衛及復興傳統易道為己任，大開方便之門。

融會東西精華，貫通古今權實，東風西傳，古為今用，這是先生作為易道傳承者的赤子之心。

早慧才俊驚四座，易學翹楚譽滿門

- 二〇〇〇年，董易奇老師在受邀出國講學期間，被海外易學界授予「易學奇才」稱號；
- 二〇〇三年，先生受邀參加第六屆世界易經大會，年方已成為業內尊崇之學術顧問；
- 翌年，先生榮登人民大會堂，作易經專題講座，開創行業內有史以來之先河；
- 此後，董老師於國內接受電視台邀請，吹動了中國內地電視風水講座之先風；
- 董老師的互聯網創業經歷，讓他成為罕有的能夠登上《人民日報海外版》專題版面的易學界人士；
- 他還曾帶領韓國風水考察團參訪故宮風水；致心慈善，開班培訓盲人命理師；探索開發「互聯網+傳統命理」，發明「易奇文化」命理軟件；
- 無數次超越，源於董易奇老師的擔當篤行、開拓創新；無數次讚譽，鑄就了「董易奇」黃金招牌的分量。

桃李芬芳傾寰宇，大家風範效天行

董易奇老師之所以能夠廣泛獲行業內外的信賴與讚譽，源於其對自身責任、對行業未來的獨特理解與堅持。

長久以來，易學界、風水命理學界的執業人員始終龍蛇混雜，良莠不齊。尤其是在九紫離火之運，虛妄不實、譁眾取寵的迷信邪道充斥寰宇。如此下去，此風氣既破壞易道學術的傳承，又損傷有緣福主的信心。

三十年來，董易奇老師始終致力於傳統易學五術的去神祕化、去糟粕化，始終致力於傳統易學五術的標準化、普及化，始終致力於還原傳統易學五術的本來面目、本來功用。董老師始終治學嚴謹，堅持用現代科學分析方法，剝離傳統文化中濃厚的迷信成分，揭開其神秘的外衣，發掘其中能為現代人所用的元素，讓中華傳統文化持續保持活力。

因為董老師長期致力於中國傳統文化的深入研究及推廣普及工作，是以多次在國內外多個大型企事業單位、學術機構、名牌大學的組織與邀請之下，受邀開辦巡迴講座。

自一九九八迄今，董易奇老師已於國內出版二十餘本易學著作，種類涵蓋傳統易學五術的各個範疇。其後二十餘年間，董老師始終與國內各大媒體及網絡平台保持合作，每年應邀講解風水及流年運程，廣受歡迎。

董易奇老師從出道至今，先後受邀作為 50 多家大型上市品牌的風水顧問，受邀開辦 100 次以上風水命理講座，1000 次以上企業、住宅風水調理，數百萬人次以上易學應用程式用戶……而前來直接向老師諮詢面談各項玄學業務的緣主，亦早已達數萬人次，幫助無量大眾點燃心燈。

先生桃李天下，門下學生子弟更遠至海外各洲。時至今日，董易奇老師當年教授過的學生子弟，如今亦各自開枝散葉，在世界各地執業服務、傳道授徒矣。

以傳統點亮心燈，用科技承載希望

不同時代的易學家，肩負的是不同形式的使命。遠如宋儒邵康節先生，近至泰斗邵偉華先生，皆有其天降重任。而董易奇先生的初心，則是在東西文化的碰撞中，護衛東方傳統易學精華；在古今技術載體的變革中，為傳統易學延續生命力。

如今全球已進入九紫離火之地運，一切新興科技都將蓬勃發展。董易奇老師早窺天機，提前佈局，早在進入二〇一〇年代，董老師便開始致力於「互聯網 + 傳統易學」的新嘗試。

由董易奇老師牽頭開發的「易奇八字」命理手機程式，將八字推命形象地以「運程車」、

「婚姻樹」、「財富船」等欄目，讓用戶直觀地看明白自己的八字命理的各大範疇，無須求人。程式推出至今，早已有數百萬用戶體驗使用。

掃瞄 QRCODE
下載運程 APP

「易奇八字」系列 APP 的出現，讓易祈科研團隊成為易學界第一個受到互聯網巨頭認可的團隊，獲得了騰訊科技的投資孵化，亦多次獲得國內外各大門戶網站的關注及採訪。

新一代年輕人因此與傳統易學有了更緊密的連接，有了更客觀、全面、科學的認知。

「**幫千萬人走出迷茫，點亮希望。**」——這是董易奇老師從業數十年來，個人治學鑽研的信條，企業營運服務的宗旨。

不為自己求安樂，但為往聖繼絕學

他的願心從未消失，他的腳步從未停下。他的願心，為的是讓易道精華，能夠更健康地傳承；他的腳步，為的是讓東方文化，能夠走得更遠。

二〇二〇年，受騰訊課堂邀約，董易奇老師主講之「董易奇講透《冰鑒》——曾國藩傳世識人術」系列課程，一經推出，即登上騰訊視頻首頁熱推榜一位置。

二〇二三年，董老師於香港環球貿易廣場成功舉辦「周易預測精品課」線下學習班，吸引了大批海內外周易愛好者、從業者及各領域精英人士前往報班學習，更獲多家港媒報道。

星期五 2023-4-21 明報

易學APP創始人來港授業
董易奇周易六爻預測班首在港開講

4月20、21日，著名易學大師董易奇來港親自教授周易六爻預測課程，二十多名來自大陸與本港的愛好者熱情追捧，在環球貿易廣場接受了為期兩日的入門精品班培訓。

董易奇出生於易學名門世家，自幼得名師匯聚薰陶，18歲被海外易學機構授予「易學奇才」稱號，22歲受邀登上人民大會堂發表易經學術演講，是世界易經大會學術顧問。他彙集三十餘年易學數術深度研究的經驗，開創性地打造了互聯網+周易的測算應用軟體——易奇八字APP，目前精準日活用戶達數萬人。

董易奇上一次開班講學還是在十多年前，當時反響良好，深刻影響了一批追隨者。此後，董易奇主要精力放在易奇八字APP的開發運營上，潛心聚力，將易經與互聯網、大資料結合，贏得廣泛認可與讚譽。

多年來，眾多擁躉多次表達願望，希望聆聽董易奇講學。徇眾要求，今年董易奇再度出山講座，帶來他對易學和人生哲理更深刻的感悟。之所以選擇香港作為本次講學的地點，是為了響應國家號召，弘揚傳統文化，增強文化自信，讓民族文化中的易學瑰寶走出國門，提升中華易學在國際上的影響。

董易奇說，希望貢獻自己的智慧與力量，擴大周易在國際上的影響力，讓更多的人感受易經的魅力，為這個行業培養新鮮血液，讓學有所長的年輕人擁有服務大眾的用武之地，並為他們提供更好的培訓、服務與合作機會。

董老師深知，無論時代如何發展，易學易術的承載形式如何更新，易道本身的內涵才是不變的核心。以是，董老師始終恪守嚴謹且祖訓，立足時代，放眼世界，以圓融之胸懷，存方正之本心，竭力為世界易學界存留淨土，亦盡心為廣大有緣福主存留淨土。

無論是在研發的「易奇八字」APP 中的內容中，或是實際風水勘察、命理論斷、起名改名等業務中，董易奇老師皆要求團隊嚴格嚴謹地依照傳統理論，杜絕各種經不起推敲之歪理邪說，各種捕風捉影的穿鑿附會，各種導人迷信的糟粕。而對於一切服務與產品的質量，董易奇老師及其團隊始終是一絲不苟的。《易經》曰：「與天地合其德，與日月合其明」，此誠為董易奇老師之胸懷與本心也。

「動靜不失其時，其道光明。」在九紫離火大運到來的新時代，董易奇老師還將會進一步帶領專業團隊，在時代的瞬息萬變中，以易道之「變易、簡易、不易」作為根本準則——響應時代，除繁從簡，堅守中道。在捍衛傳統的道路上，一如既往而砥礪前行！

第一章

流年風水旺運秘笈

二〇二五乙巳年九宮飛星佈局

商住環境優化佈局時間

西曆 2025 年 2 月 3 日 10 點，立春交節，正式進入乙巳蛇年。

諸位緣主屆時可依 2025 年紫白九星飛伏順逆宜忌，為您的家居與辦公室調理和優化環境佈局，更好地趨吉避險，吸納新年的福氣、吉氣與財祿。

東南 一白 貪狼星 桃花星・小吉	正南 六白 武曲星 小財位・小吉	西南 八白 左輔星 大財位・大吉
正東 九紫 右弼星 喜慶位・大吉	中宮 二黑 巨門星 病符位・大凶	正西 四綠 文曲星 文昌位・中平
東北 五黃 廉貞星 大煞位・大凶	正北 七赤 破軍星 耗財位・小凶	西北 三碧 左輔星 是非位・小凶

正東（九紫）：紫水晶球 / 八喜姻緣瓶 / 蒂緣天成 / 催丁益子

東南（一白）：白水晶球 / 八喜姻緣瓶 / 蒂緣天成

正南（六白）：天龍尊印 / 黃水晶球 / 九祿財庫 / 聚金陣

西南（八白）：九祿財庫 / 生門令 / 聚金陣 / 九紫金蟾

正西（四綠）：文昌八將 / 一路折桂

西北（三碧）：粉紅水晶球 / 紫水晶球 / 朱砂本命佛

正北（七赤）：黑曜石山海陣 / 黑曜石球 / 黑曜石八卦陣

東北（五黃）：銅龍龜 / 五帝錢 / 金罡福祿

中宮（二黑）：天醫護祿 / 白水晶球 / 金罡福祿 / 銅龍龜

旺財吸金局

八白左輔星，為大財星，主財富、置業等，二〇二五年飛入西南方，所臨之位若佈局得宜，有利於個人、家庭、公司企業的財富增長，因此，想吸金發財的朋友，本年要好好佈局家中或辦公室的西南方。

首先，**西南方的流年財位宜乾淨整潔**，光線明亮，避免採光不足或堆放雜亂穢物，以免影響財富聚氣。

其次，西南方屬土，八白星屬土，星宮同氣，利於增強八白財氣，本年宜擺設**紅**、**紫**、**黃**、**橘**、**橙色物品**、陶瓷石製品類的裝飾物以及**「九祿財庫」**、**「生門令」**、**「黃水晶球」**、**「聚金陣」**、**「九紫金蟾」**等利財吉品來催旺八白財氣。

▲ 黃水晶球

▼ 生門令

◀九祿財庫

九紫金蟾▶

◀聚金陣

旺事業提升局

從事文職、寫作、教育、科研、軟體開發、設計、營運、策劃等偏重於腦力勞動的工作者，適宜利助今年四綠文曲星所臨之方——正西方。四綠星主管學習、智能表現、文藝才華、文化藝術，四綠星屬木，正西方屬金，星受宮剋，泄氣不吉，因此，本年在家裏或辦公室的**正西方宜擺設四支毛筆、水培四枝富貴竹、「文昌八將」、「一路折桂」**等利文昌的吉品或綠色物件、木製品來增強四綠文昌之氣。

▲ 文昌八將

▲ 一路折桂

從事武職、軍警、公檢法、銷售、表演、保安、消防、健身教練、體育競技、市場專員等工作者，適宜利助六白武曲星所臨之方——正南方。六白武曲星主管財富、權力、武功、勇氣，六白屬金，正南方屬火，星受宮剋，財氣減弱，故本年適宜在**正南方擺設「天龍尊印」、「黃水晶球」**等利官祿權貴的吉品，增加事業上升、大展宏圖的發展良機。

▲天龍尊印

▲黃水晶球

此外，今年東南方也是一個提升事業發展的好方位，因一白貪狼星飛臨此方，一白為官財星，一白屬水，主升官、名氣，而東南方屬木，星受宮泄，減氣不吉，所以想要升職、掌權、考取好名次、比賽拿獎、提高名氣、打造好口碑和形象的朋友，本年適宜在家中的**東南方擺設流水擺件、魚缸、「白水晶球」、「黑曜石水晶球」**等白色、黑色或藍色物品增強一白星的吉氣。

▲白水晶球

▲黑曜石水晶球

催旺生意局

在新的一年裏，集團、企業老闆和管理層若希望事業生意越做越大、公司業務蒸蒸日上、財富顯化速度倍增，就要重點關注西南方和正南方的環境佈局。

西南方屬於坤宮，今年當令的八白大財星入坤宮，星宮同氣，助旺財氣，若佈局得宜，可進一步催旺財氣。

流年佈局西南方宜保持整潔明亮，以及擺設「九祿財庫」、「黃水晶球」、「黃玉貔貅」、「生門令」、「聚金陣」、黃、橙、橘色系物品、陶瓷石製品類的裝飾物來增強八白星財氣。

▼ 黃玉貔貅

▲ 聚金陣

◀ 九祿財庫

▲ 黃水晶球

▼ 生門令

流年六白武曲星進入正南方，六白為偏財星，對應為偏財富，六白屬金，正南方屬火，星受宮剋，減氣不吉，利於賺取生意之財、偏門行業之財等，做好環境佈局，在**正南方擺設「九祿財庫」**、**「天龍尊印」**、**「黃玉貔貅」**、**「生門令」**、**「聚金陣」**、**「黃水晶球」**等利財官的吉品，有利於開拓客源市場，帶來更多外出發展求財的機會。

▲ 天龍尊印

催旺人脈客源局

業務員、銷售員、商務、市場推廣人員、營商者、演員、公關、顧問等十分依賴人際關係的工作者，若想提升今年的好人緣、開發更多客源、接洽到更好的資源，今年就要對家中和辦公室的東南方進行環境佈局，因為掌管桃花、人脈、名氣、官祿的一白星飛入此方，一白星屬水，東南方屬木，星受宮泄，減氣不吉，因此，**適宜於東南方擺設流水擺件、魚缸、「黑曜石水晶球」**、**「白水晶球」**等物品來增強一白吉氣。

▲ 黑曜石水晶球

▲ 白水晶球

創業成功局

創業的朋友，要重視辦公場所內外明堂的佈局，在環境學中，內外明堂為大門前後的區域，它關係着公司的發展前途和品牌形象。

外明堂為「朱雀之地」，首先，宜保持空間寬敞，避免被尖形煞氣沖射或是高大之物阻擋。再者，要有生機之氣，適宜見噴泉、水池、環境風水輪及高度適宜的綠植等，促進公司利財的生機活力。

內明堂為進門後的玄關區域，佈局擺設宜保持乾淨整潔、和諧吉祥，不宜見到讓人有壓迫之感或不舒服或民俗上不吉祥的擺設、尖銳牆角或怪形異狀之物，也不宜進門就能一看到底，不聚氣就難以留住財富，故宜見寓意喜慶和諧、距離適當等擺設，以便吸納和留住財氣。

化解小人口舌是非

三碧祿存星，為「蚩尤星」，又稱為「官符星」，主招小人口舌、是非爭鬥、官訟刑險、賊盜破財之事。此星為當前凶星，三碧屬木，今年飛臨西北方，西北方屬金，星受宮剋，雖可減輕其氣勢，但三碧木氣動蕩，順延至八方，也易引發口舌爭吵、是非爭鬥、小人當道、好勇鬥狠、官非訴訟、糾纏不休之事，因此，家居和辦公室的西北方，不宜見黑、藍、綠色物品、植物、魚缸等物增加三碧木氣，宜以火泄木，**西北方擺設紅、紫色物品，如中國結、「朱砂本命佛」、「紫水晶球」**或寓意吉祥的紅紫色調的書畫等。

▲ 朱砂本命佛

▼ 紫水晶球

同時七赤破軍星今年臨入正北方，亦容易帶來小人是非、破財刑險、欺詐盜失、意外血光之事。七赤屬金，正北方屬水，星受宮泄，有助減緩煞氣，本年此方不宜見黃、白色物品、金屬物件，以免增強七赤煞氣；**正北方適宜擺設「黑曜石水晶球」**化泄七赤金煞。

倘若出現犯小人口舌、官非是非嚴重的情況，可在**此方擺設「黑曜石八卦陣」**，化煞趨吉。

▲ 黑曜石八卦陣

▲ 黑曜石水晶球

考學順利陣

在校學生以及需要參加進修培訓、考試、考證、學習新技能的朋友，二〇二五年可以在正西方進行利護考學的佈局，**宜正西方擺設四支毛筆、水培四枝富貴竹**或根據個人的年庚格局定制的**「文昌八將」、「一路折桂」**，催發四綠文曲星之氣，淨化磁場，營造良好的學習氛圍，更好地幫助開拓思路、增強注意力、記憶力、靈感來源，取得好成績。

▲ 文昌八將

▲ 一路折桂

出行平安陣

五黃廉貞星屬土，主是非橫禍、重病絕症，為九星中的不大凶之星。二〇二五年此星飛入東北方，家居和辦公室的東北方在調理佈局的時候，首先，要避開擺設陶瓷、石製品、石材類的物件以及紅、紫色的物品，以免激發五黃土性，輕者招徠不順心之事，重者禍災連連。其次，**適宜擺設的「金罡福祿」、「黃銅龍龜」**來化泄五黃土氣，鎮宅化煞，守護平安健康。

▲ 金罡福祿

▼ 黃銅龍龜

身康體健局

二〇二五年，主掌病符之氣的二黑巨門星落入**中宮**（住宅或辦公室的正中央方位），此星代表傷病破財、是非口舌，因此，家裏或辦公室的中宮區域這個病符位不宜久坐久臥，**不宜施工動土、裝修、堆放雜亂穢物、陶瓷石材類物品、紅、黃、紫色物件**。老人、小孩、孕婦、久病不愈、體弱者，今年也儘量避開睡在處於中宮區域的臥室，以免招惹病氣。同時，本年**中宮適宜擺設寓意利護健康的「天醫護祿」、「金罡福祿」、「黃銅龍龜」、「白水晶球」**等吉品，以化泄化解二黑病符之氣，守護身心康泰。

▲白水晶球

▲金罡福祿

▲黃銅龍龜

◀天醫護祿

催戀愛脱單局

今年單身人士適合在一白貪狼星所在的**東南方**佈局利助桃花感情，一白星屬水，東南方屬木，星受宮泄，減氣不吉，故宜在**東南方方擺設「白水晶球」、「八喜姻緣瓶」、「蒂緣天成」**等利事業貴人緣、利桃花姻緣的吉品，護利一白星吉氣。

如果未婚者的臥室、睡床在房屋的東南方，亦利於本年的桃花人緣和社交人脈。如果已婚者的臥室、睡床在房屋的東南方，則需潔身自好，注意與其他異性保持距離，以免婚姻感情受到霧水桃花的負面影響，有條件的話，建議換到其他房間休息。

▲ 八喜姻緣瓶

▲ 蒂緣天成

▲ 白水晶球

催旺結婚成家局

二〇二五年九紫右弼星飛臨正東方，九紫星為喜慶星、愛情星，掌管理姻緣、生育、各種喜慶之事，此星屬火，正東方屬木，星受宮生，增強九紫喜氣。若情侶或單身者在**正東方擺設「粉水晶球」、「紫水晶球」、「八喜姻緣瓶」、「蒂緣天成」、以紅、紫色為主又有吉祥寓意的鮮花、畫作、裝飾品**、觀賞擺件等，可增旺九紫吉星之喜氣，助發桃花正緣、促進姻緣和合，早日喜結連理。

▲ 粉水晶球

▲ 紫水晶球

增強感情甜蜜局

已婚夫妻、戀人情侶今年想和另一半更恩愛甜蜜、穩定發展感情，減少爭吵不和、矛盾衝突的話，需關注正東方和西北方的環境佈局。

九紫星代表愛情和喜慶，今年臨正東方，適宜在此方多坐臥，臥室、睡床在正東方更佳，亦宜在**正東方擺設「八喜姻緣瓶」、「粉水晶球」、「紫水晶球」等吉品，或以紅、紫色**為主又有吉祥寓意的鮮花、畫作、裝飾品、觀賞擺件等，**未婚者可擺放「莃緣天成」**，多沾沾九紫吉星之喜氣，增加戀人、夫妻之間感情的甜蜜度。

三碧星代表是非衝突、口舌爭訟，今年入西北方，西北方不宜見擺設藍、黑、綠色物品及高大的綠色植物，以免增加三碧煞氣，引發夫妻、戀人、家庭成員、以及外界人際關係上的不和睦。

▲八喜姻緣瓶

▲粉水晶球

▲紫水晶球

催丁旺喜慶局

今年臨正東方的九紫星主添丁孕育之喜，想要生育寶寶、備孕的夫婦要好好佈局此方。九紫屬火，正東方屬木，星受宮生，增氣為吉。**正東方適宜擺設「催丁益子」**等利助子息緣的吉品以及紅、紫色系的物品增強九紫吉氣，添利好孕氣。

催丁益子▶

若閣下希望進一步瞭解更多有關家居風水催吉及本命年旺運用品，可用手機掃瞄 QR Code 進入「易祈吉祥」商城，查閱更多訊息。

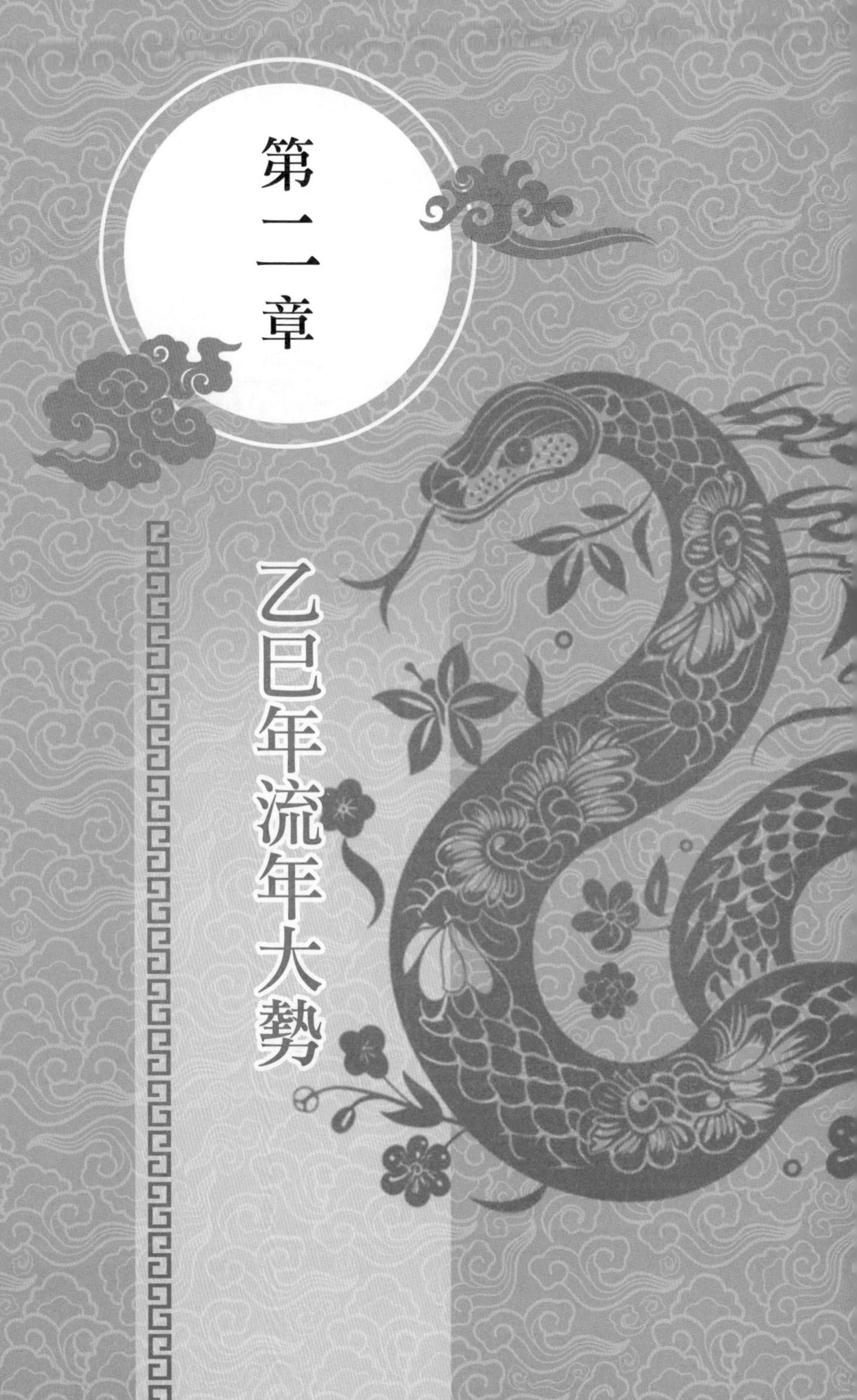

第二章

乙巳年流年大勢

乙巳年流年大勢分析

——「風助火燎，曲折前行；柔忍沉心，動中得利。」

時	日	月	年
比肩	元	正官	食神
癸 水	癸 水	戊 土	乙 木
亥 水	卯 木	寅 木	巳 火
壬（水） 甲（木）	乙（木）	甲（木） 丙（火） 戊（土）	丙（火） 戊（土） 庚（金）
劫財 傷官	食神	傷官 正財 正官	正財 正官 正印

經過甲辰龍年的艱難與震盪，在西曆 2025 年 2 月 3 日夜間 10 時 10 分，進入立春節氣之後，時間來到了乙巳蛇年。乙為青青花草之木，巳為陰火及靈蛇，是故乙巳年又可稱「木蛇年」、「青蛇年」。乙巳年有地支巳火坐鎮，加上天干乙木助燃，火氣漸起，九紫火運開始「進入狀態」。

流年簡析：風助火燎・動中得利

簡析立春八字（乙巳年，戊寅月，癸卯日，癸亥時），日主癸水身弱，地支多合為木性食傷，正官通根透出成格，缺金性印星。年食神剋月官，總體上半年較辛苦，須等下半年金水旺起方可緩解。八字驛馬多現，無論主動或者被動，今年求財做事亦多在動中。

寅木傷官刑生巳火財星，亥水劫財又沖巳火財星，在今年之中，涉及合作或投資的時候，須多加注意暗中的變數，避免貪多冒進或識人不清，以至於無妄失利。

乙為巽風，巳為陰火，風火皆是虛象；乙木與巳蛇皆有曲折蜿蜒之象。因而本年的主題箴言，大體可概括為——「風助火燎，曲折前行；柔忍沉心，動中得利。」

乙巳年的陰柔之性，讓今年的政治經濟形式「從表面上看起來」有所緩和與恢復。但一切好景若無慧眼辨別，則只是海市蜃樓，憑空讓人心浮氣躁，勞碌頻撲，卻空無實利，甚或上當受騙。

今年風火成勢，亦是九紫離火真正力量得以彰顯的開始。風火成卦，如《周易》之「風火家人」卦象——「家人，利女貞。」女性的力量和地位將得以提升，加上乙巳流年為陰柔隱忍之象，亦符合女性特質，更多的女性將在本年掌握重要職位和資源。而男性則須注意避免自身過於剛直的個性，方可制勝。

二〇二五年我們設計的開運吉祥物，也首次使用的太極圖的意象，一方面借助陰陽調和之力，求中求和，圓融呈祥；一方面增加土金元素泄去木火之氣，給大家由外到內以圓融運動而改善氣場的陰陽轉化，避免乙巳木火太剛，轉化得利。

而只要你能沉心靜氣，柔忍堅韌，今年依然能在走動競爭中有所收穫。或許是老天垂憐，讓部分福慧雙修之士能夠及時調整姿態，做定儲備，以迎接後續丙午馬年、丁未羊年所謂「赤馬紅羊」之難關。

經濟營運：曲折前行・柔忍沉心

今年木生火旺，五行木火之行業將較為有利。屬木如教育、培訓、文化、環保等，屬火則如創意、網絡、娛樂、新能源、軍火等。而今年立春八字缺金，特別是辛金，故而在精密芯片、稀有礦產、金屬原材料等生產領域將勢必加大競爭與爭奪，而金銀首飾等奢侈品市場將易受冷待。

對於求正財的人，立志發展實業經濟、高科技新技術等務實守正的人材和企業來說，今年須捱得寂寞，堅守初心。即便短期內沒有突破，也須有長期的計劃，避免受虛假不實的信息影響甚至欺騙，以帶來不必要的損失。

而對於求偏財投資的人，以及從事非實體經濟、文化創新、網絡傳播及虛擬貨幣等曲中求利的短期機會主義者，反倒有較多的空間和機會。但要注意流年風火皆虛，其勢不易長久，不要戀戰，宜見好就收。

本年芒種六月、小暑七月為全年經濟較佳之時期，尤其七月，有利於各領域開展合作交流，有利於新舊事物的轉變，新興事物得以冒出。

無論哪一類人羣，於今年的心態和做事方式都忌過於剛直，忌單一角度思考，凡事須如同乙木之形，增加自身的柔韌性和忍耐力，則更有利於成功與得利。此外，亦須避免胡亂投資，擦亮雙眼，步步為營。

文化科技：色空不二．陰陽並存

文化領域方面，甲辰和乙巳干支的納音五行為「佛燈火」，加上九運的特性，因此這兩年亦會有許多關於宗教、玄學、哲學、心理學、身心靈修持的資訊或新聞，大衆對內在精神與心靈的關注度大為提高。與此同時，也會有更多的邪教、詐騙和宗教醜聞出現。

巳蛇的特性也有重於娛樂、情色、享樂、旅遊等特質，加之本年立春八字傷官食神過重，且傷官見官，因而今年不缺桃色新聞與各類倫常事件，以及因思想扭曲與衝動情緒而造成的社會案件。

而在科技方面，即便不需要推算，大家亦可看到如今的網絡科技及Ai科技在跨越式的發展。今年會有許多科技應用普及與大眾領域，但由此亦會帶來許多始料未及的倫理道德及法制層面的問題，各國亦會加強種種法例限制。

災禍病疾：風頭火勢．多加預防

由於「乙巳」干支的木火之氣燥極，又逢九紫離火地運，加之流年二黑病符星入中宮，今年的天災與病疾意象大抵集中於火象，次之則為風象、土象。

在自然災害方面，今年氣候將以乾旱少雨為主，要特別防範火災及各種燃爆事件，尤其在中原和東南、正東一帶。巳屬陰火，火山及地幔運動亦是地底之陰火，因而明年因這些地下之火而產生的地震、海嘯、火山噴發等天災亦會有發生的可能。

一物一太極，一人亦一太極。火旺之象與二黑入中之象，除了表現在自然天災層面之外，各類莫名發生的回祿之災亦會持續見諸於報端。表現在物事之上，今年則多發電動汽車在道路上毀壞或燒毀，各類家用電器、電線莫名短路燒壞，等等；表現在人體，則是各種熱氣上火、軀體炎症、癌症、血液病，以及各類因火旺而產生的病疾。此外，由於「乙巳」有扭曲之象，屬「曲腳煞」，是故今年普通人亦多出現扭傷之事。

另一方面，類似新冠之類，五行屬金水之陰邪疫病，來到連續火旺的年份（二〇二五至二〇二七），因木火相生而剋金，則有機會變異成暫不為害的毒株而潛伏不興。但又因今年為二黑大病符星入中之年，加上後年大後年的「赤馬紅羊」，接下來或會有各方面的未知艱難，如經濟問題、戰爭衝突、天災人禍等。

國際大勢：分裂對立・無可奈何

自九運開始，天下早已進入「合久必分」之勢，無可奈何矣。

世界性的分裂對抗之火，始終在醞釀著。但較之龍年的陽剛衝突之象，乙巳則為陰柔之象，分裂與對抗主要會體現在各種「非實在」的層面，如經濟、貿易、文化等範疇。各方力量在本年，大體會為了自身經濟和軍力獲得喘息，進行曲折的談判與爭吵。而各地區短期短線，快速零星的戰火衝突亦有可能。

而審視本年立春八字，日主癸水身弱，食傷旺相，同時正官通根透出，因而在各國各地區的內部形勢而言，民間暗地的不滿情緒日漸高漲，而政府的管治力度則進一步加大。對抗與分歧亦層出不窮。

乙為草木幼苗，其氣為風，有極強的柔韌性和忍耐力，其勢雖慢但無所不往；遇東南巳火組合，風火相加，先明後暗，且利勢不易長久。巳為陽極轉陰之地，愈是一些原本強大的旺盛的人、事、物等，愈要注意防範出現急轉直下的變化。國家如是，強人如是，平凡人亦復如是。譬如，許多原本看似強盛的大企業、大機構、大品牌，特別是經營傳統實業，原本或許是數十年為業內霸主，卻會突發變故，盛極而衰；一些看似強悍的標誌性人物、政經界大人物，亦會突然失勢退隱。

——「天機所在，話已至此，多言無益。」

個人策略：提升心靈·動而求中

對於個人而言，今年木火通明，非常有利利於學習或提升技能，今年可多將精力放在自我提升之上。另一方面，食傷旺相亦表示思慮過度，今年會有更多人罹患情緒疾病、心理疾病。因而，適當地學習打坐、冥想、與自然交感，以提升身心靈狀態。

而由於今年驛馬星多現，普通人皆可多主動出遊、出差、有利應象，於動中得財。且因流年二黑入中宮，留在本地反而不美。

今年各行業皆呈現僧多粥少，競爭激烈之象，普通人須儘量放下身段與成見，接受現狀，掙得多少算多少，現金為王。

當然，如果本身八字原局較差，甚或八字忌火的人士，可求助於專業命理老師，通過流年推斷、定製吉祥飾物、調理家居風水等方式來趨吉避凶。

總而括之，今年應效法儒道，身動而心靜，求中道而守正意。離火本為外強中虛之象，彎曲虛無，但正如《周易》中關於離卦的描述——「黃離，元吉」。黃者，為土為中，在離火得勢之中，內心堅守中正之道，不為虛妄動心，則自得吉祥天佑，安平康健也。

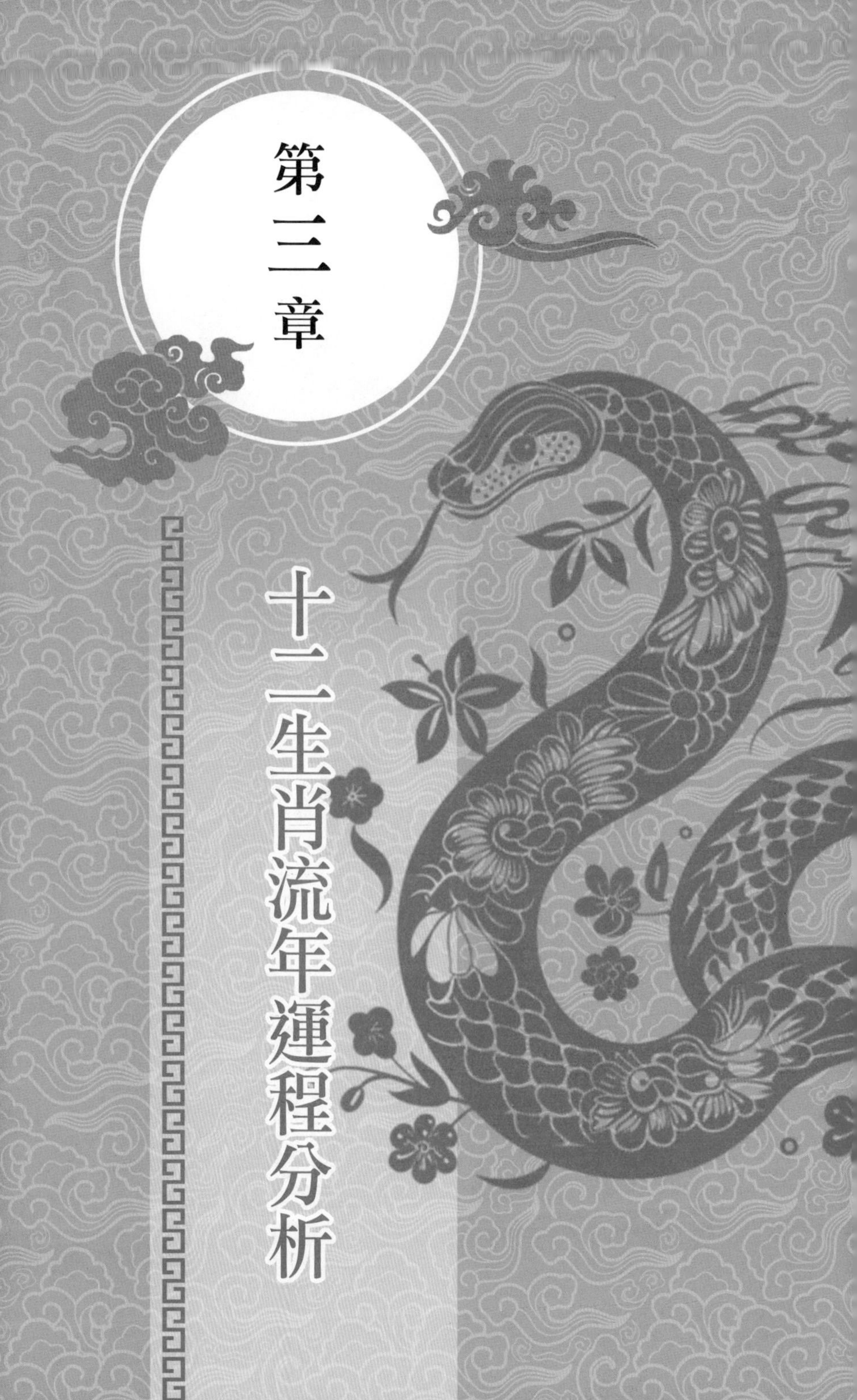

第三章

十二生肖流年運程分析

《年運詩籤》

年值太歲動蕩多，
煞曜重重陷低落；
幸有貴人來相助，
印星護佑定風波。

整體運程

開運顏色：黃色

開運數字：0、5

進入二〇二五乙巳年，太歲巳中本氣丙火為肖蛇者之比肩星，流年天干乙木為其正印星，流年相值太歲，肖蛇者會遇到各種挑戰。加上各種凶星的出現，肖蛇的朋友全年均處於晦暗難明。處於變化起伏之中，本年你更須謹言慎行，保守為上。

流年吉凶星曜

吉星：一白、八座、解神、天解

「一白」飛入東南巽宮，為肖蛇者帶來事業升遷、考學有成、人際助力及感情發展的好轉機。「八座」為貴星，有助於肖蛇者提升職權、知名度、社會地位、競爭名次，也容易獲得貴人的賞識和扶助。肖蛇者逢「解神」和「天解」兩顆吉曜，有助於解決一些是非爭端、官司詞訟或傷病等事。

凶星：劍鋒、伏使、指背、浮沉、地煞、血刃

肖蛇者今年遇「劍鋒」和「伏使」，宜遵紀守法，避免行為不端招致是非刑罰、爭鬥糾纏、意外受傷等事。「指背」主口舌、指摘、誹謗，肖蛇者本年須謹言慎行，做事低調，不宜過於張揚。「浮沉」主水患、產厄等事，本年肖蛇者須儘量少去江河湖海等水域附近遊玩。「地煞」主意外橫事。「血刃」則主意外血光、開刀住院等事。

流年四大運勢

正財偏財運：運勢星級：★★

肖蛇者迎來本命年，在賺錢方面很難有太多的收穫，錢財難聚，花費方面卻不會太少，今年可能會有許多讓你荷包「大出血」的機會。流年天干為比肩，比肩有奪財之意，雖

說自坐本命年，自身力量加強，會出現一些新的人脈或合作求財的機會，但同時競爭也在加強，同時務必要注意合作關係的變動和錢財流向，以防人財兩空。好在這一年有「一白」、「八座」吉星加持，肖蛇者全年以保守為主，稍見收益時更要小心謹慎，錢財避免露白，今年宜守不宜攻。

事業學業運：運勢星級：★★★

流年天干乙木為肖蛇者的正印星，肖蛇者今年自身能量增強，有助於提升自身的學習能力，專注於個人事業、考學或前途發展相關的事務之上。但值犯太歲的年份，肖蛇者事業或多或少會產生波動和變化。而肖蛇者今年比肩當旺，有利於拓展人脈圈，若能廣結善緣，好好把握良機，則有機會逆風而上，更上一層樓。

健康安全運：運勢星級：★★★

肖蛇者今年有印比生身，自身能量足，精力充沛，健康方面沒有明顯太過嚴重的突發疾病。但也要預防物極必反，體弱多病或有慢性病的肖蛇者則注意防控好原有的疾病產生變化。今年有凶星「浮沉」和「血刃」，肖蛇者易受各種意外傷害，如果外出遊玩的話，儘量少去江河湖海等水域附近遊玩；另外在日常生活和工作中要當心使用尖銳器具，運動或出行須避免意外血光；有孕在身之人多注意健康和安全。

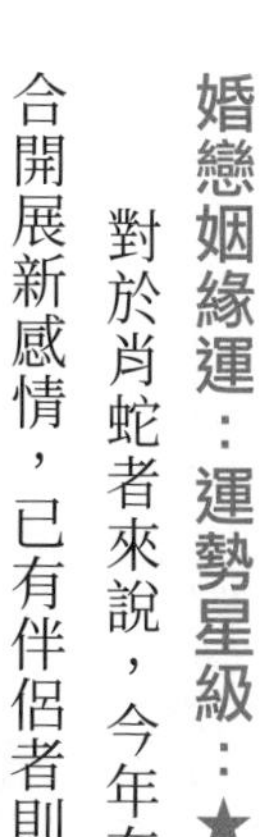

婚戀姻緣運：運勢星級：★★★

對於肖蛇者來說，今年有「一白」吉星入宮，無論男女，皆利桃花和人緣。單身者適合開展新感情，已有伴侶者則有望感情升溫。肖蛇的單身男女今年行正印比肩流年，女性長輩或者同輩朋友皆可能成為桃花貴人；另肖蛇者今年與太歲相值，感情發展中可能會遇到競爭對手，且要與非單身人士保持合適的社交距離，以免招惹是非上身。對於已婚人士來說，無論男女均要把握好與異性相交的尺度，避免產生誤會影響婚姻和諧。同時凶星「地煞」易給已婚女性帶來不利影響，日常生活中須要多關心另一半的各種狀況。

各類人士行運指南

職場精英——肖蛇者今年值犯太歲，體現在工作上，則是職場上變動較大，形勢起伏跌宕，吉凶莫測。好在比肩當旺，又有正印來扶助，你於工作中不缺乏貴人助力，無論是前輩或同事，皆能夠為你的事業添磚加瓦。當然，比肩爭奪之勢也不可小覷，肖蛇的職場人士今年須克服情緒上的大起大落，建議戒驕戒躁，平心靜氣，真誠結交。

經商人士——受值犯太歲的影響，肖蛇的經商人士今年求財要經歷比較波動的過程。辛苦努力付出，但收效甚微，反倒是各種變動接踵而來，措手不及。比肩爭財，有被掠奪意義，經商人士今年在生意合作上難有大的突破和盈利，容易出現他人爭奪或合作破裂等情況，勞心勞力很可能事倍功半。同時，數顆凶星飛臨，肖蛇者今年的經營過程也容易複雜多變。這種變化可能來自外界大環境，也可能來自內部的，好在有「一白」大財星庇護，求財道路雖然曲折，但依然有所收穫。

單身男女——二〇二五年肖蛇者迎來本命年，與太歲互為比肩，感情方面形勢會比較複雜。一方面，有「一白」吉星入宮，利桃花和人緣，單身男女適合開展新感情；另一方面，比肩也為掠奪、爭奪之意，肖蛇的單身朋友今年在追愛的過程中要防止有第三者的介入，破壞兩人之間的感情。同時，遇「伏使」、「劍鋒」等數顆凶星入命，肖蛇的單身朋友今年容易焦慮難安，人際關係變差，不利感情發展。所以，有打算邂逅甜美愛情，儘快脫單的肖蛇者，今年一方面要注意調整情緒，多展現自己充滿魅力的一面。

已婚人士——對於已婚人士而言，值犯太歲影響深遠。歲星為比肩，已婚人士今年在婚姻家庭上會面臨諸多煩惱，時常會有爭吵發生。家庭瑣事和壓力也容易讓你暴躁心煩。吉星「一白」既能帶來不錯的感情互動，同時也帶來了人緣和爛桃花，所以無論男女，已婚人士這一年均要把握好與異性相交的尺度，避免產生誤會影響婚姻和諧。故今年肖蛇的已婚人士一方面要多陪伴體貼伴侶，多費心思來讓感情升溫，夫妻更恩愛和睦；另一方面要注意自我約束，主動遠離不良桃花的干擾。

莘莘學子——肖蛇者的學子或者有考試、考證等需求的肖蛇者這一年學習幹勁十足，學識的培養與沉澱效果明顯，考試考公人員，易考學有成。吉星「一白」、「八座」的出現，可為學業帶來很好的發展助力。但因肖蛇者全年與太歲相值，易出現競爭，可能會動搖個人信心和抗壓能力，你須及時釋放壓力，同時注意遠離身邊的不良朋友，以免讓你學習專注度不足，同時理性看待學習成果，勿好高騖遠。

不同年份人士運勢

二〇一三年．癸巳年出生——「草中之蛇」

二〇一三年的肖蛇者，納音為「長流水」，乙巳流年納音「佛燈火」為其財星，今年青少年玩心略重，錢財花銷較大。家長引導孩子合理消費的同時，宜將支出轉移到孩子的學業上來化解，例如參加課外輔導班、特長興趣班，或是送孩子去異地求學、出國留學。虛歲13的男生，今年遇「金曜」值臨，凡事難以隨心所願，故學習成績方面的表現較不理想，須加倍努力；虛歲13的女生，今年須注意生長發育、內分泌方面的健康保健。

二〇〇一年・辛巳年出生──「冬藏之蛇」

二〇〇一年的肖蛇者，納音為「白蠟金」，乙巳流年納音「佛燈火」為其官星，今年將會是獲得進步及提升的一年。打工或創業的朋友，事業上會出現新的機遇，雖然工作壓力較大，但付出總會有不錯的收穫。虛歲25的男士，今年遇「計都」星值臨，行年遇計都，麻煩不時無，注意出入安全，預防招惹是非；虛歲25的女士，今年遇「太陽」值臨，須注意預防出現孕產方面方面等問題，適合外出散心。

一九八九年・己巳年出生──「福氣之蛇」

一九八九年的肖蛇者，納音為「大林木」，乙巳流年納音「佛燈火」為其食傷，創業經營的老闆今年逢食傷流年，掙錢的思路很活絡，賺錢的機會很多。職場人士和公職人員今年反而要謹言慎行，待人謙遜，以免無意中得罪領導、客戶及周圍同事而不自知，影響自己的事業前程。虛歲37的男士，今年遇「羅睺」值臨，容易有較多的口舌及是非，同時也須留意肝臟及眼目方面的問題；虛歲37的女士，今年遇「計都」值臨，同樣容易有口舌紛擾，家宅不寧。

一九七七年・丁巳年出生──「塘內之蛇」

一九七七年的肖蛇者，納音為「沙中土」，乙巳流年納音「佛燈火」為其印星，今年在事業上容易得到地位的提升，但過程較為艱辛。同時，今年肖蛇者將有較大機會購置房產及車輛，但過程容易出現阻滯。虛歲49的男士，今年遇「金曜」值臨，今年將有較多是非紛亂，但家中容易有添丁的機會；虛歲49的女士，今年遇「太陰」值臨，須特別注意婦科方面的問題，遠行有利於財富。

一九六五年・乙巳年出生 ——「出穴之蛇」

一九六五年的肖蛇者，納音為「佛燈火」，乙巳流年納音「佛燈火」為其比劫，今年須留意被他人騙錢的事情發生，務必不要有投機及擔保行為。同時，今年會有較多機會與親朋好友相聚，回憶往日時光，敦親睦友。虛歲61的男士，今年遇「計都」值臨，容易不時遇見較多不平順的事情，家中寵物也容易出現問題；虛歲61的女士，今年遇「太陽」值臨，不利女性，易有突發變故。

流月運勢

農曆一月・立春戊寅月（2月3日~3月4日）

運勢星級：★★

進入本命年的第一個月，對肖蛇者來說，本月運勢並不算順利。表現在事業上，本月

你將感覺行事艱難，阻礙較多，難有結果，同時各種暗中小人防不勝防。本月你須謹小慎微，多做少說，方可平穩度過。財富方面，本月你當謹記宜守不宜攻。感情方面，未婚者切勿偏聽他人挑唆；已婚者則要多關心另一半，維護好感情。

農曆二月・驚蟄己卯月（3月5日~4月3日）

運勢星級：★★

本月肖蛇者運勢依舊低迷。事業方面，本月你常會感歎狀況頻發，總有意外狀況打亂計劃，原本進行的事情也很難順利完成，讓你壓力增加。你須謹記遇事冷靜處理，切忌急躁、衝動，同時維護好人脈關係，儘量給自己爭取到一些助力。感情方面，單身肖蛇者須注意慧眼識人，以免感情受到欺騙傷害；已婚者則須要注意雙方的感情溝通，以防婚變。本月你的健康運亦欠佳，要提防意外血光。

農曆三月・清明庚辰月（4月4日~5月4日）

運勢星級：★★★

進入農曆三月，肖蛇者的運勢有明顯好轉。本月你的心情豁然開朗，前兩個月困擾你的事情有望順利解決。事業方面，本月你有望得到領導的賞識與重用，可以大展手腳。財富方面，本月你的財運暢旺，但注意克制消費慾。感情方面，未婚的肖蛇者可多創造些外出機會，促進雙方的感情；已婚的朋友們本月則相對過得平淡。健康方面，由於火土兩燥，本月你在飲食上宜清淡，注意消化系統的保健。

農曆四月・立夏辛巳月（5月5日~6月4日）

運勢星級：★★

肖蛇者逢巳年巳月，難免有些火氣過旺，運勢會受影響。你的情緒容易急躁不安，心情壓抑，做事較為急進。一方面，你當儘量釋放壓力，保持心緒平和；另一方面，你在做事時務必嚴謹細致，切勿亂中出錯，以免留下後患。你的財富運勢亦不理想，機會和收獲容易被他人爭奪，須注意做好防範。由於個人狀態不佳，本月你的情感運勢亦低迷，就算有不錯的緣分也要面臨競爭。健康安全方面，開車的朋友多注意交通安全。

農曆五月・芒種壬午月（6月5日~7月6日）

運勢星級：★★★★

本月是肖蛇者相對比較平穩的月份。經歷了上個月的顛簸起伏之後，本月你的各方面運勢漸漸趨向平順，只須按部就班做好手頭事情即可，與周圍人相處也比較和諧，是難得的可以放鬆身心的月份。你本月的財富運勢尚可，但不宜急求大財，尤其注意防範投資理財被騙。你在感情與健康方面的運勢也處於平順和諧的時期。

農曆六月・小暑癸未月（7月7日~8月6日）

運勢星級：★★★

本月你火氣較旺，雷厲風行。有利的一面是你的工作效率高，效果明顯；不利的一面則是人際關係容易受損，容易得罪人。此外你還要留意，切勿被牽扯進他人的是非中。財務方面，本月你不適合與朋友合作經營、共同創業，穩守正財比較好。感情方面，本月你要信任自己的另一半，注意感情維護。健康方面，本月你須注意出行安全及心臟健康。

農曆七月・立秋甲申月（8月7日~9月6日）

運勢星級：★★★★

本月有巳申六合之象，肖蛇者各方面均容易有不錯的表現。本月你在工作上會有意象不到的收穫，能力才華得到較好的發揮。財務方面你同樣收穫較多，但要注意因他人而耗財。感情上，你只需多注意雙方的溝通方式即可。健康方面，本月你須注意出行安全，肢體上的磕碰之傷，尤其要多關心家中老人的健康。

農曆八月・白露乙酉月（9月7日~10月7日）

運勢星級：★★★★

肖蛇者在本月輕松愜意，諸事順遂。工作方面，你感覺得心應手，只要順勢而為，勤懇做事，定能取得不錯的收益和成果。此外，本月你也能接觸形形色色的人或事，讓你倍感充實，幹勁十足。財運方面，本月你多勞多得，偏財亦有不錯的機遇。本月你的人際關係和諧融洽，未婚者戀愛感情增進，有望更進一步；已婚者夫妻恩愛，家庭和睦。

農曆九月・寒露丙戌月（10月8日~11月6日）

運勢星級：★★★

本月肖蛇者運勢稍微回落。事業工作中，你將得到上司重視，個人才幹可得充分發揮，只要勇於創新，努力進取，定會有所回報。但本月你在做事過程中也能感受到約束，不宜過分自我，多與周圍人良性溝通。財運方面，本月你當儘量避免大額衝動消費。感情方面，本月你與伴侶易生口舌是非。健康方面，本月你須注意突發性的疾病。

農曆十月・立冬丁亥月（11月7日~12月6日）

運勢星級：★★

本月巳亥相沖，多有動象。事業方面，你不妨變被動為主動，主動爭取一些外出的機會，或積極走動。就算遇到突然變動亦不要急躁慌張，你當綜合分析再做決策。財運方面，本月你不適合合夥創業或投資求財。感情方面，你須加強對另一半的感情付出，以免給他人可乘之機。健康方面，你須注意肝火上升，眼部不適之症。

農曆十一月．大雪戊子月（12月7日~26年1月4日）

運勢星級：★★★

本月肖蛇者的運勢比較平穩。你在事業方面多有好的表現，如能踏實做事，團結好周圍的人脈力量，則有望在事業上取得不錯的成果。財運方面，本月你的正偏財運勢都相對平淡，須積穀防饑為好。感情方面，本月你與伴侶可相互信任、和睦共處。健康方面，，本月你須多注意心臟、眼睛易發之疾病。

農曆十二月．己丑月（26年1月5日~2月2日）

運勢星級：★★★★

本月有巳火生丑土之象，帶有欣欣向榮之意。事業方面，本月你的發展較為順心，是大有作為的好時機。你只需保持勤勉努力，積極表現，則可取得事半功倍的效果。財運方面，你的進財機會增加，也容易有意外之財。感情方面，本月你須預防競爭對手，已有伴侶者須多關懷體貼另一半。健康方面，你須預防眼疾以及心血管疾病。

《年運詩簽》

歲君劫財惹禍殃，
是非憂慮多奔忙；
唯幸吉星能照拂，
辛苦換得功名揚。

整體運勢

開運顏色：黃色
開運數字：0、5

進入二〇二五乙巳年，太歲巳中本氣丙火為肖馬者之劫財星，流年天干乙木為其偏印星，呈現天生地劫之象。肖馬者全年元氣雖充沛，但易有自大、暴躁、衝動與喜怒無常之舉。流年吉星雖頗給力，肖馬者更上一層樓的可能性很大，但凶星帶來的負面影響亦不容小覷，可能會有竹籃打水一場空的隱憂。

流年吉凶星曜

吉星：六白、太陽

「六白」武曲星主掌財富、威權，五行屬金，與酉金同氣。本年六白星飛臨南方，有助於增加肖馬者流年事業與財富的擢升。肖馬者今年遇上「太陽」這顆吉星，代表今年的事業前景有光明利好的一面，有一定的貴人運，有望顯露頭角，提升名氣或知名度。

凶星：晦氣、咸池、年煞、天空

「晦氣」星飛臨，肖馬者今年易有晦暗、波折、倒楣之事。「咸池」是桃花煞星，飛臨代表本年個人魅力大增，異性緣較好，也容易因桃花泛濫帶來不必要的感情煩惱。已婚的肖馬者要潔身自好，避免因感情之事勞心敗運。「年煞」是「成者為王、敗者為寇」的意思，命局組合的好就可以掌握刑權、從事公安、檢察、法院、軍警一類的職務，組合不好就是盜寇小混混一類的人物，有牢獄之災。「天空」飛臨代表空亡、能量變弱，容易讓人產生不切實際的想法，做事不夠踏實，易白忙一場。

流年四大運勢

正財偏財運：運勢星級：★★

流年歲君巳火為肖馬者的劫財星，劫財多主破財，是非爭鬥，矛盾不休，競爭力增大，受兄弟朋友所拖累等，所以肖馬者二〇二五年全年的財富處於被掠奪的狀態，有損財之憂，是辛苦得財之年。而受到數顆凶星的影響，今年即便因事業發展而使得收入水漲船高，但計劃之外的支出也會隨之增多，同時還會遇到不少欺騙競爭事件，也容易因朋友而破財，故切記本年儘量避免金錢外借或做擔保人。

事業學業運：運勢星級：★★★

流年天干乙木為偏印星，又有「六白」和「太陽」利事業貴人的大吉星照命，肖馬者今年事業上機會較多，同時也易獲貴人幫扶，做事往往事半功倍。但因流年地支為劫財，又遇「晦氣」凶星，今年辛苦勞碌，過程一波三折，做出成績後也容易被他人爭奪劫財。所以本年肖馬者要注意防範各類突發事件或破財事件，並防範背後小人。

健康安全運：運勢星級：★★

肖馬者今年的健康不容樂觀，全年暴躁易怒，情緒大起大落，不利健康。同時你要警惕炎症、心腦血管等方面的急疾出現。如果今年你有備孕計劃或家有孕婦，可能會存在不利孕育或生產的因素，要隨時注意個人身體狀況和胎兒情況。今年又有「晦氣」、「年煞」凶星入宮，除了自身情緒方面的協調和舒解外，肖馬者也要注意是非、災厄、橫事的出現，無論工作、居家、外出遠遊等，均打起十萬分精神。

蛇 馬 羊 猴 雞 狗 豬 鼠 牛 虎 兔 龍

婚戀姻緣運：運勢星級：★★

因「咸池」桃花煞星入命，肖馬者今年有桃花泛濫、焦頭爛額的困擾。單身人士在交友示愛時要多觀察瞭解，做好充分的心理準備，主動遠離品行不端之人，避免受騙，失財傷情；已婚人士多溝通多陪伴另一半，給予對方足夠的安全感，面對他人示好時注意把握分寸，潔身自好，以免勞心敗運。

各類人士行運指南

職場精英——流年天干乙木為肖馬者的偏印星，可生助肖馬者的元氣，有利於事業發展。工作中獨創性、敏感性、隨機應變能力增強，能夠憑借個人智慧和領悟力，達到事半功倍之效，特別從事設計、創新、理論研究等方面工作的肖馬朋友，偏業發展也較為順利，易取得成果，同時，歲星劫財，職場精英們今年運勢沉浮多變，容易遇到前所未有的挑戰和競爭，工作壓力頗大，困擾較多。

經商人士——肖馬的經商人士因逢歲君劫財，雖能拓展社交人脈，但亦會感受到較大的挑戰和競爭壓力；而且「晦氣」和「天空」等凶星容易影響事業發展，引發肖馬者遭遇利益競爭、人際糾紛、付出與收穫不成正比等情況。所以今年肖馬者，務必要處理好人際關係，避免識人不清、用人不慎，若是與人合夥經營事業則須注意處理利益資源分配方面的問題。此外，肖馬者今年不宜擴大經營或者合夥加盟等方面的事宜，最好維持原本的經營模式，利用保本策略穩健盈利。

單身男女——肖馬者今年逢歲君劫財，又有「咸池」桃花煞籠罩，桃花不暢，爛桃花多，良緣難得。單身者接觸到的桃花良莠不齊，不容易遇上心儀的對象。若能開展戀情，務必要用心維系，否則感情容易因外因影響無疾而終。肖馬者今年在人際交往中，要防範爛桃花纏身，免得遇人不淑，受騙上當。

已婚人士——已婚肖馬者今年各方面壓力較大，不容樂觀。因歲君劫財，導致你求財不順，很難快樂起來。又有凶星作祟，事業、感情、健康多有不如意的地方，容易煩躁鬱悶，各種家庭矛盾容易滋生，壓力巨大，已婚人士容易爆發爭吵，再加上「咸池」帶來的爛桃花推波助瀾，夫妻之間很可能爆發爭執衝突，嚴重時甚至可能鬧到分手離婚。

莘莘學子——流年天干為偏印星，學生以及準備考試、考證的肖馬者，這一年頗具學習機緣，領悟力極強，尤其在冷門學科方面，會有所成，具備對於考試有利的一面。歲君為其劫財星，這是一種競爭和掠奪之象，肖馬者今年要額外注意受身邊人的影響，尤其是不良的學

習習慣和消極的學習情緒。加上凶星的影響，今年你難免出現心浮氣躁，焦慮纏身的情況，要時刻注意身心方面的變化，以免對學習產生影響。

不同年份人士運勢

二〇一四年．甲午年出生——「雲中之馬」

二〇一四甲午年的肖馬者，納音為「沙中金」，乙巳流年納音「佛燈火」為其官星，由於被歲君所剋制，今年容易被老師、家長嚴厲管教，學生容易產生逆反心理的年齡階段，所以家長要引導和幫助孩子調節壓力，勞逸結合，才能讓孩子身心健康，更好地學習和成長。虛歲12的男生，今年遇「水曜」值臨，在學業方面將比較容易有好的突破，同時適合與父母一同出遊遠行；虛歲12的女生，今年遇「木曜」值臨，須小心注意身體健康，容易有小病小痛，但大多數時候不會太礙事。

二〇〇二年．壬午年出生——「軍中之馬」

二〇〇二年的肖馬者，納音為「楊柳木」，乙巳流年納音「佛燈火」為其食傷，今年容易有新穎的創意想法，有機會在事業工作中施展自己的才華，獲得他人的認可和稱讚。切忌恃才傲物，否則很容易讓人誤會，產生口舌是非，讓好事繞道而走。虛歲24的男士，今年

遇「火曜」值臨，須注意保守行事，凡事莫強出風頭，小心招惹是非；虛歲24的女士，今年遇「羅睺」值臨，須注意預防孕產方面等問題，注意調節情緒。

一九九〇年・庚午年出生－「堂內之馬」

一九九〇年的肖馬者，納音為「路邊土」，乙巳流年納音「佛燈火」為其印星，今年在事業上容易得到地位的提升，但過程較為艱辛。同時，今年將有較大機會購置房產及車輛，但過程容易出現阻滯。虛歲36的男士，今年遇「木曜」值臨，須小心肝臟及眼目方面的疾病，注意調節情緒；虛歲36的女士，今年遇「水曜」值臨，容易有口舌方面的侵擾，同時須注意預防水患，減少水上活動。

一九七八年・戊午年出生－「廄內之馬」

一九七八年的肖馬者，納音為「天上火」，乙巳流年納音「佛燈火」為其比劫，今年容易跟人發生口舌爭執，須防遭受小人連累及暗算，小心意外的錢財流失。今年可以多參加同窗舊友的聚會，聯絡感情，加深情誼。虛歲48的男士，今年遇「水曜」值臨，今年適合出差、旅行，遠行將有利於滋長財富；虛歲48的女士，今年遇「木曜」值臨，容易出現意外血光，但幸而家中人口平安，夫妻和睦。

一九六六年・丙午年出生——「行路之馬」

一九六六年的肖馬者，納音為「天河水」，乙巳流年納音「佛燈火」為其財星，今年流年逢歲君財星，財富較好，不妨在專業人士的指導下進行合理的理財投資，會有不錯的收益。同時，謹防一些電信詐騙分子的惡意欺詐，遇到不明情況，應及時和家人溝通或報警處理。虛歲60的男士，今年遇「火曜」值臨，適合守舊安身，容易出現口舌是非；虛歲60的女士，今年遇「羅睺」值臨，容易出現意外血光，須特別留意婦科方面的疾病。

流月運勢

農曆一月・立春戊寅月（2月3日～3月4日）

運勢星級：★★★★★

本月寅午半合，對於肖馬的你來說，可謂「開門紅」。在開春的這個月，工作開展順利，努力能獲得回報，上司也會對你的能力和成績給予相應的肯定，因此本月適合積極進取，爭取為全年事業打下好根基。財運方面，本月你同樣收穫豐盛，可以進行適當投資。情感方面，單身人士容易遇到心儀的人，可把握住這個難得的機會，開始戀情。

農曆二月・驚蟄己卯月（3月5日～4月3日）

運勢星級：★★★★★

卯木生午火之月，本月肖馬者運勢穩中有升，事業上進展順利，穩紮穩打按部就班，不會遇到太多的困難和阻礙。若有貴人出現，你不妨趁機拓展事業管道，大膽嘗試。財運暢旺，正偏財雙旺。本月你的桃花依然不錯，單身人士容易碰到不錯的桃花，可把握機會開展新的戀情。健康方面，本月你要注意消化系統和呼吸系統的疾病，忌過度吸菸、飲酒，暴飲暴食。

農曆三月・清明庚辰月（4月4日～5月4日）

運勢星級：★★★

本月是喜憂參半的月份，肖馬者在事業上一波三折，問題不斷，工作開展困難，壓力較大，容易受到來自同事的阻撓或連累，好在有貴人相助，最終問題都可以順利解決。情感方面，已婚人士容易因家庭瑣事而生爭執，要多關注伴侶的心情和感受；情侶之間亦容易出現裂痕而導致感情變淡，要妥善處理，爭吵時不要口不擇言。健康方面，本月要特別注意預防血光，出門要注意交通安全。

農曆四月・立夏辛巳月（5月5日～6月4日）

運勢星級：★★

本月火氣過重，肖馬的你要特別注意，行事不要急躁。事業方面，本月工作中易遇小人作梗，與同事的合作也不是很愉快，升職加薪的希望渺茫。本月你不宜輕易作出大的決定，以靜守為好。財運方面，本月你須注意節省開支，做生意或投資不宜有大舉動，容易破財。情感方面，夫妻容易互相猜忌，單身則容易受挫。健康方面，本月你依然不宜遠行，恐防出交通意外。此外，你要小心被廚房利器所傷。

農曆五月・芒種壬午月（6月5日～7月6日）

運勢星級：★★★

本月肖馬者運勢有所好轉，但依然會有波折變動。在事業方面，你的工作在推進中不算順利，來自各方面的壓力和阻力都非常大，做好規劃是應對變數的重要手段。財運方面，本月你依然不宜做大規模的投資，謹防上當受騙。情感方面，情侶之間容易因微不足道的小事而大動肝火，要學會忍讓和克制。本月你的健康運勢尚可，只要注意飲食起居，就無須擔憂。

農曆六月・小暑癸未月（7月7日～8月6日）

運勢星級：★★★★

本月肖馬者有撥雲見日之喜。事業上，之前阻撓你前進的種種障礙一一清除，與同事的合作進入默契和愉快的階段，工作開展順利。做生意的人，利潤比前兩月都有所增加。在財運方面，本月你的偏財上升，可進行小規模投資。情感方面，本月你的運勢平和，夫妻溝通順暢；情侶間的誤會消除，回歸恩愛；單身者可主動出擊，追求自己的幸福。健康方面，你須注意張弛有度，不要讓身體過於勞累即可。

農曆七月・立秋甲申月（8月7日～9月6日）

運勢星級：★★★

本月肖馬者運勢平平。在事業上，你會遇到一些困難，好在有貴人相助，能逢凶化吉。但要注意小心被小人利用而陷入是非之中。這個月有奔波動蕩之象，你在工作上可能會有出差、工作調動的跡象。本月財運不錯，你可適當投資，會有不錯的回報，但有劫財隱患，不要輕易借錢給他人。情感方面，情侶之間雖然有些小摩擦，但不影響彼此的情感。單身者要謹防情感騙子，在戀愛中要多些理性、多些思考。健康方面，你要注意腰椎和腸胃方面的保養。

農曆八月・白露乙酉月（9月7日~10月7日）

運勢星級：★★★

本月對於肖馬的人來說頗具挑戰。在事業上，本月你很容易因得罪上司而導致工作開展困難重重，要注意自己的言行舉止，小心應付，低調做事。本月財運平平，你不宜做大的投資，與人簽署與金錢相關的合同，要仔細看清條款，以防陷入危機。情感運勢尚可，單身者可把握良機；已婚者或有戀愛對象者要注意自己的言行舉止，不要亂開曖昧的玩笑，以免招來爛桃花。健康方面，你要特別注意預防外傷，有車一族要小心駕駛。

農曆九月・寒露丙戌月（10月8日~11月6日）

運勢星級：★★★★

午戌相合之月，本月肖馬者的運勢明顯好轉，事業上，本月的你在工作上順風順水，要抓住機遇以求獲得理想的回報。打工的朋友們有望在本月獲得升職加薪。財運亦不錯，你可進行一些穩妥可靠的投資。情感上，夫妻情感升溫，溝通順暢，家庭生活美滿；戀愛中的人可能會收到來自對方的驚喜，感受對方的濃濃愛意。健康方面，你要注意呼吸系統方面的問題，秋高氣爽時節，注意潤喉養肺。

農曆十月・立冬丁亥月（11月7日～12月6日）

運勢星級：★★★

本月肖馬者運勢平平。在事業上，你容易與合作夥伴產生分歧或衝突，要克制自己的脾性，加強交流，反思自己。做生意的人士，不要輕易相信他人的遊說而做出大的決策，以防陷入官非中。財富上，本月正財運平，偏財運旺，你要謹防財來財去，合理理財。情感上，本月你易遇爛桃花，要提高警惕。情侶之間應及時瞭解對方的想法。健康方面，你要注意及時釋放自己的不良情緒，適當參加有益身心的娛樂活動。

農曆十一月・大雪戊子月（12月7日～26年1月4日）

運勢星級：★★★

本月的肖馬者吉凶參半，因數午相沖，沖則有變。事業上，你會受到一些阻礙或者出現崗位調動，加薪、升職等情況則如霧裏看花，非常不明朗。所以肖馬的你要學會寵辱不驚，凡事求穩。情感上，夫妻間容易出現矛盾和摩擦，要注意溝通交流；單身者亦容易被不確定的情感所困，胡亂猜測將讓你忽喜忽悲。本月你的健康運勢尚可，可適當外出旅遊，鍛煉身體，調節心情。

農曆十二月・己丑月（26年1月5日～2月2日）

運勢星級：★★★

本月肖馬者的運勢依然動蕩。工作上，你要特別注意搞好人際關係，特別是上下級關係，若處理得好，工作便能順利進行，甚至有加薪升職之喜；若處理得不好，會讓本月的你疲於奔波。做生意的人士，本月利潤尚可，可適當擴大規模，做一些相應的促銷活動擴大戰果。情感方面，夫妻或情侶間容易出現矛盾或間隙，要耐心對待，並嘗試理解對方的想法和舉動。健康方面，你要注意預防口腔和呼吸道方面的疾病。

《年運詩簽》

偏官化印利功名，
八白飛臨事事成；
火炎土燥凶星擾，
須以水潤促運升。

整體運勢

開運顏色：黑色

開運數字：1、6

肖羊者進入二〇二五乙巳年，年干乙木為未土之偏官，歲君巳火之本氣丙火為未土的正印星，流年干支木火相生，引至未土，力量驟增，意味著肖羊者容易遇到對自身前途大有幫助的貴人，整體發展大體偏於穩定。不過，本年干支火炎土燥，加上一些凶星的干擾，也會影響到肖羊者的發展機緣。

流年吉凶星曜

吉星：八白

「八白」為大財星，主正財、功名、富貴，今年此星將為肖羊者的事業求財錦上添花，如：增加營收、升職加薪、擴大經營規模、通過房產交易獲利等。

凶星：豹尾、喪門、地喪

「豹尾」主缺陷、毛病、損失、耗敗之象，肖羊者流年遇到此星，一來要做好財富管理，小心避免投資失誤、錢財物質上的損失和浪費等；二來要避免身心過於操勞，導致身體抱恙，影響健康；三來要注意看顧和養護好寵物或家禽，避免出現病傷是非。「喪門」和「地喪」入運，意味著肖羊者今年容易出現錢財損耗、生病受傷或白事等。

流年四大運勢

正財偏財運：運勢星級：★★★

未土今年受歲星巳火相生，意味著肖羊者今年容易獲得貴人的幫扶之力，增加了獲利機會，帶來不錯的收益。年干乙木受正印巳火所化，意味著副業或能帶來意想不到的收穫。不過，今年偏財相對較弱，加上「豹尾」、「喪門」和「地喪」等凶星齊現，肖羊者今年要謹慎管理好財富收入，避免投資失利、超額消費或是因病傷、意外事件而損財。

事業學業運：運勢星級：★★★★

二〇二五年肖羊者迎來官印相生流年，意味著全年事業發展平穩，雖然形勢有些嚴峻，各種挑戰和危機在所難免，但有貴人幫襯，有望柳暗花明。加上今年「八白」吉星進入本宮，為肖羊者的事業錦上添花，是積極努力，可事半功倍的年份。歲逢正印，肖羊者可能會變保守，容易顧慮太多而錯失良機。學業方面利於進修深造或學習新的行業知識，更好地為未來發展打下夯實的基礎。

健康安全運：運勢星級：★★

乙巳流年火炎土燥，不利健康，肖羊者要注意預防肝膽、脾胃運化失調、血液循環不良等方面的疾病。另外，受「喪門」和「地喪」等凶星的影響，肖羊者除了關注自身的健康，也要照顧好家人，儘量避免探病問喪以及去往危險偏僻、氣場陰晦雜亂的地方。因為今年的工作較為繁重，故肖羊者壓力較大，心緒起伏波動大，建議保持良好作息。

婚戀姻緣運：運勢星級：★★

對肖羊者來說，今年屬於桃花平平的一年，流年未逢桃花星，又逢偏官正印，單身男性正緣桃花較難尋覓，愛情方面沒有太多驚喜。未婚女性逢官印相生流年，異性緣較好，有望尋覓到良人，喜結連理。但要注意，這一年的桃花質量可能良莠不齊，要仔細挑選，

多番瞭解，慎防所托非人。部分已婚女性容易被不良桃花吸引或滋擾，要謹慎處理感情問題，以免破壞家庭穩定。已婚肖羊者今年可多與另一半增加溝通交流的時間，讓彼此的感情歷久常新。

各類人士行運指南

職場精英——歲星為肖羊者之印星，可來生助肖羊者，所以肖羊的職場精英今年總體而言走勢不俗。又得「八白」吉星相助，肖羊者的事業財運都將錦上添花。但須切記，官印相生流年往往讓人野心勃勃，你要注意謙遜待人，以免得罪人而不自知，導致出現不必要的人事紛爭。事業大好同樣意味著壓力和阻力不少，職場人士與上司同仁維持融洽關係很有必要。

經商人士——官印相生流年，今年肖羊的經商人士事業發展順利，勢頭大好。經商人士在商場中能夠得貴人朋友熱心扶助，可謂如魚得水，勢頭正旺。但美中不足的是「豹尾」、「喪門」和「地喪」等凶星齊現，免不了禍從天降，好事成空。肖羊的經商人士今年一方面要妥善處理好人際關係，以免被小人糾纏，功虧一簣，空忙一場。另一方面，肖羊者今年要親賢近貴，善於團結和借助各方力量來推動重要的計劃的進行。

單身男女——今年受數顆凶星干擾，對肖羊的朋友的健康和家宅安寧都有直接的不利影響。越是這種時候，越要多和另一半聯系緊密，相互扶助，做到夫妻一心，共渡難關。「喪門」星作祟，容易有疾病泣喪之事發生，也不利於家庭關係的和諧。好在有印星照拂，已婚肖羊者若遇到難題或家庭矛盾，向長輩貴人請教求助可順利解決。但流年天干為偏官，已婚女性要注意謹慎處理人際關係，遠離不良桃花誘惑。

已婚人士——今年受數顆凶星干擾，對肖羊的朋友的健康和家宅安寧都有直接的不利影響。越是這種時候，你越要多和另一半聯系緊密，相互扶助。「喪門」星作祟，本年肖羊者容易有疾病泣喪之事發生，也不利於家庭關係的和諧。好在有印星照拂，已婚肖羊者若遇到難題或家庭矛盾，向長輩貴人請教求助可順利解決。但流年天干為偏官，已婚女性要注意謹慎處理人際關係，遠離不良桃花誘惑。

莘莘學子——歲星為印星，對於肖羊的學子來說，今年將是學習考試順暢的一年。年干乙木七殺對未土形成克制，意味著今年學子們的升學壓力不小、考試難度有所增加。其次，歲星巳火歲星能化殺為印，對未土生扶有情，代表肖羊者今年大概率會遇到對學業前途產生重要助力和有利影響的良師，能幫助自己開闊視野、提升學習效率，深入鑽研知識、學習到更加豐富或更系統化的知識和技能，順利考學，取得優異成績。

蛇 馬 羊 猴 雞 狗 豬 鼠 牛 虎 兔 龍

不同年份人士運勢

二〇一五年・乙未年出生——「敬重之羊」

二〇一五年的肖羊者，納音五行為「砂中金」，乙巳流年納音「佛燈火」為其官星，今年容易被老師、家長嚴厲管教，並可能因此產生逆反心理，所以家長要引導孩子調節壓力，勞逸結合，才能更好地在學業考試中發揮出好成績。虛歲 11 的男生，今年遇「土曜」值臨，出入較多不順心之事，家長需注意營造良好的家庭環境，另外要注意家中寵物的健康問題；虛歲 11 的女生，今年遇「火曜」，今年會有皮膚方面的煩惱，注意寵物健康。

二〇〇三年・癸未年出生——「羣內之羊」

二〇〇三年的肖羊者，納音五行為「楊柳木」，乙巳流年納音「佛燈火」為其食傷，今年容易有新穎的創意想法，有機會在事業工作中施展自己的才華，獲得他人的認可和稱讚。虛歲 23 的男士，今年遇「太陽」值臨，容易結識心儀的異性，展開新的戀情，也適合出差、旅遊、外出公幹等遠行事宜；虛歲 23 的女士，今年遇「土曜」值臨，今年出入多有不順心之事，須提防小人侵害，注意招惹是非。

一九九一年・辛未年出生——「得祿之羊」

一九九一年的肖羊者，納音五行為「路旁土」，乙巳流年納音「佛燈火」為其印星，今年在事業上容易得到地位的提升，但過程較為艱辛。同時，今年將有較大機會購置房產及車輛，但過程容易出現阻滯。虛歲35的男士，今年遇「太陰」值臨，凡事較為隨心，可追究功名利祿，也適合追求心儀對象；虛歲35的女士，今年遇「金曜」值臨，有婚姻嫁娶的機會，但須小心有胃腸科、婦科方面的問題，出入提防小人。

一九七九年・己未年出生——「草野之羊」

一九七九年的肖羊者，納音五行為「天上火」，乙巳流年納音「佛燈火」為其比劫，今年容易跟人發生口舌爭執，須防遭受小人連累及暗算，小心意外的錢財流失。今年可以多參加同窗舊友的聚會，聯絡感情，加深情誼。虛歲47的男士，今年遇「土曜」值臨，容易出現較多口舌是非，須小心各類與文書合同相關之事宜，勿與他人做錢財擔保；虛歲47的女士，今年遇「火曜」值臨，容易有病事產生，須特別注意皮膚及婦科問題。

一九六七年・丁未年出生——「失羣之羊」

一九六七年的肖羊者，納音五行為「天河水」，乙巳流年納音「佛燈火」為其財星，今年流年逢歲君財星，財運較好，不妨在專業人士的指導下進行合理的理財投資，會有不錯的

收益。同時，你須謹防各類惡意欺詐，遇到不明情況，應及時和家人溝通或報警處理。虛歲59的男士，今年遇「太陽」值臨，處處皆得明朗，外出旅行可增旺財富；虛歲59的女士，今年遇「土曜」值臨，今年家中易有不祥現象，夜夢奇多，遠行不利。

流月運勢

農曆一月・立春戊寅月（2月3日~3月4日）

運勢星級：★★★

本月官祿星動，肖羊者在事業上容易有比較好的機會，若能只要堅定信心，踏實奮鬥，有望在貴人的賞識和幫助下，取得不錯的成就。要注意，本月肖羊者來自工作及客戶的壓力較大，需要調整好心態，積極正面應對。財運方面，本月你宜守不宜攻，不要貿然擴大規模或投資新的項目。情感方面，你須注意維護好感情，儘量避免口舌之爭。

農曆二月・驚蟄己卯月（3月5日~4月3日）

運勢星級：★★★★

卯未半合之月，運勢較上月有上升。官星遇合，肖羊者有職位晉升之喜，特別是對公務員、大機構的人士有利。需要注意的是，本月肖羊者逢合又主競爭力，要小心小人在背後使壞。建議本月你要維系好人脈關係，可多嘗試向上社交。財運方面，你的正偏財均有好轉。情感方面，肖羊者家庭比較和諧，夫妻或情侶情感甜蜜；單身者本月有利，有望一句脫單，開始甜蜜戀情。

農曆三月・清明庚辰月（4月4日~5月4日）

運勢星級：★★★

這個月有破敗之象，肖羊者運勢可謂吉凶參半。事業上，你不易取得進展，付出得不到相應的回報，好在本月有貴人星相助，易得領導和上級喜愛，仍有不錯的機會。財運上有破財之象，你要防止合作失利，小人作祟，給他人借貸之事慎之又慎。情感上，肖羊者易遇到煩瑣之事纏身，夫妻或者情侶間易生矛盾，要注意控制負面情緒，以防家庭出現波折。健康方面，你可多吃益肝清火食物，疏通鬱結之氣。

農曆四月・立夏辛巳月（5月5日~6月4日）

運勢星級：★★★★

本月為巳火生未土，得月令相生，是肖羊者運勢非常不錯的一個月。事業上，你與同事和客戶間的合作愉快，工作上的努力亦容易得到上司的肯定，可以一展拳腳，加薪和升職的希望比較大。做生意的人亦有新的商機出現，貴人相助，盈利增加。財運方面比較理想，但

你須稍微克制消費慾。情感上，單身朋友邂逅良緣幾率大，情侶有望更進一步發展，訂婚或者結婚，但已婚者需注意與異性的關係，以防「桃花劫」。

農曆五月・芒種壬午月（6月5日~7月6日）

運勢星級：★★★

本月運勢雖不及上月，但依然保持不錯的勢頭。事業上，肖羊者多有好機會，做事比較順暢，發展空間大，計劃的事情多可如期完成，但要注意低調行事，保持平常心，不可冒進，以免引起他人的反感或者招徠小人的嫉妒。財運方面，正偏財雙旺，你在做好手頭事情之餘，可多探索更多求財管道。本月桃花星顯現，未婚者易獲青睞；已婚者則要注意預防爛桃花。健康方面，你要注意保護眼睛和視力，注意調整健康作息，多吃益肝明目的食物，不要長時間對著手機用眼過度。

農曆六月・小暑癸未月（7月7日~8月6日）

運勢星級：★★★★

本月的你可謂「春風得意馬蹄疾」，各方面順風順水。事業上，你容易得到上司、同事甚至是朋友的喜愛與相助，因而可把握先機，進展順利，有望得到提升。但好的跡象中也藏著隱憂，貴人的熱心可能辦壞事，給你帶來麻煩。財運方面，本月你財官兩旺，收穫滿滿。

情感方面比較順利，你與情侶偶有爭吵但不會影響彼此之間的情感。健康方面，你要多關心家中長輩的健康，注意預防脾胃、上呼吸道及肝膽方面的不適。

農曆七月・立秋甲申月（8月7日～9月6日）

運勢星級：★★★

未土生申金之月，本月肖羊者運勢較為順暢。肖羊者在事業上多有好的表現，思路清晰，應變靈活，努力也能得到領導的認可和賞識。需要注意的是，你與人交往謹言慎行，以防落人把柄，損壞自己的名譽和前程。財運方面，本月你以穩守為宜，不宜有大的投資和轉變，否則有損財風險。健康方面，你宜多與大自然接觸，呼吸新鮮的空氣，注意控制菸酒，保護肺和胃。

農曆八月・白露乙酉月（9月7日～10月7日）

運勢星級：★★★★

本月食傷生財，肖羊者多有喜慶享樂之事。事業方面，肖羊者行事順利，能得到貴人的支持和幫助。在財運方面，你的付出會帶來豐厚的回報。情感方面，本月桃花星旺，單身的朋友遇到合適對象的幾率大，不妨大方施展魅力，表現個人優勢，積極社交；相愛的情侶可以考慮在本月攜手更進一步，邁入婚姻殿堂；但對已婚的人士來說，則需要斬爛桃花，警惕

他人破壞家庭。健康方面，你要注意出行安全與呼吸系統的保養。

農曆九月・寒露丙戌月（10月8日～11月6日）

運勢星級：★★

本月有火土兩旺之象，肖羊者難免急躁多慮，整體有吉有凶。事業方面，你宜冷靜沉著，堅定信念，凡事三思而後行，同時要記得遠離是非，不摻和他人糾紛。財富方面，保守為好；做生意的朋友宜守業而不宜擴大規模，不要有投機的心理。感情方面，你需善加維護，不要計較一些小事，以防感情生變。健康方面，你要注意預防血光、皮膚、外傷災方面的疾病，有心臟病和高血壓的人在本月要特別注意自身的保養和健康。

農曆十月・立冬丁亥月（11月7日～12月6日）

運勢星級：★★★

本月肖羊者運勢總體有明顯好轉。事業上，你將感覺行事順利，各方面阻礙漸消。你能得到貴人的指引與幫扶，工作多有好的表現，無論從事什麼事情，本月都可能會有可喜的收穫。但你須注意不要背後論人是非，同時要提防小人背後使壞。財富上呈穩中有升之象，正財穩當，偏財生旺，你能得到一些意想不到的錢財收穫。情感上，單身人多有好的轉變和喜慶之事出現，要及時把握住機會。

農曆十一月・大雪戊子月（12月7日～26年1月4日）

運勢星級：★★

本月肖羊者遇子未相害之期，剋泄較重，各方面多有阻力，波折變化較多，難以順心。工作方面，你會感覺行事阻礙較多，又有小人搗亂，難有進展。建議你在本月儘量避免與人發生衝突，注意自身言行，多傾聽他人的建議。財運方面，因財星受剋，你不宜貪求太多，穩守現狀為好。感情方面，已有伴侶人士要謹防感情出現變數，注意感情維護與鞏固。健康方面，你須多加注意腸胃、肝膽與血液方面的保健。

農曆十二月・己丑月（26年1月5日～2月2日）

運勢星級：★★

進入農曆最後一個月，肖羊者本月逢丑未相沖，遇事多波折，很難穩定下來。逢沖必動，不動則傷，故肖羊者本月容易遭受一些挫折，須注意控制自己的脾性，莫輕易與人沖突，以免落入他人陷阱。財運方面，本月你要擦亮眼睛，謹防上當受騙。情感方面，雖有桃花星動，但並非向好的方面動，已有伴侶者注意維系好感情，避免給他人可乘之機。健康方面，你要注意保養腎臟和腰腹部位。

猴

《年運詩籤》

申巳六合雖逢喜，
合中帶剋亦有憂；
歲合太陰進福祿，
勾絞貫索添困愁。

整體運勢

開運顏色：黃色
開運數字：5、0

對於肖猴者而言，二〇二五年干乙木為其正財星，歲支巳火為其偏官星，今年財星來生旺偏官星，加上申金與巳火歲星為地支六合的關係，又逢「八白」、「太陰」等吉星守護，代表這一年的總體發展多受助益。要注意的是，申巳合中又伴有刑剋，所以今年也會面臨一些挑戰和壓力。

流年吉凶星曜

吉星：八白、歲合、太陰

「八白」本年飛臨西方，主正財、功名、富貴，今年此星將為肖猴者的事業求財錦上添花。「歲合」代表肖猴者與巳蛇歲君為六合關係，巳為申之偏官，偏官合身代表肖猴者今年在事業、功名、貴人等方面將獲得不錯的發展機緣和助益。肖猴者今年得遇「太陰」吉星照拂，貴人多助，大利前途。

凶星：天符、勾絞、貫索、卒暴、孤辰、亡神

肖猴者今年受「天符」、「勾絞」、「貫索」及「卒暴」等凶星所困，在日常生活、工作接觸、生產經營及社交活動中須注意謹言慎行，避免招徠口舌是非、刑訟處罰等麻煩事。「孤辰」會妨礙今年肖猴者的人際關係或是感情關係，容易導致孤掌難鳴。「亡神」主突如其來的耗敗或是非之患，原先的計劃容易被打亂、中斷甚至終止，原有的人際情感關係可能也變差。

流年四大運勢

正財偏財運：運勢星級：★★★★

流年天干乙木為其正財星，又有「八白」大財星飛臨，肖猴者今年求財走勢大好，進財

機會增加，且錢財主要為主業收入。肖猴者今年與歲君六合，意味著亦有機會通過副業、兼職或者投資等方式賺取到額外的收入，屬於求財非常理想的年份。唯要注意的是，本年因「天符」、「亡神」等眾多凶星暗聚，很可能讓肖猴者財來財去，不容易留住錢財。肖猴者本年在生活和工作中須防範各種因是非糾紛引發的損財事件。

事業學業運：運勢星級：★★★★

肖猴者今年遇流年歲君為偏官，又有流年天干正財相助，今年事業大旺，若能勇於開拓，積極進取，事業會有大的提升。因與歲君六合，又有「八白」、「太陰」等吉星拱運，肖猴者有機會獲得貴人或領導的賞識、幫扶。同時，肖猴者亦有機會涉獵其他的行業領域，開展副業或投資運營新的項目等等。需要注意的是，因與歲君合中帶剋，肖猴者今年的事業發展也會伴隨著壓力和風險。

健康安全運：運勢星級：★★

肖猴者今年與歲君剋合並現，健康安全好壞參半。好的方面是肖猴者今年在體重管理與健康管理方面的意識有所增強，更加自律；而壞的方面則在於，流年財官旺相帶來的壓力與勞累，讓肖猴者今年容易因事業、求財、感情等各方面的壓力導致睡眠欠佳，體力不濟，甚或會促使慢性病復發都未可知。因此，肖猴者今年務必要注意勞逸結合，保證休息時間，調理好身體心靈，避免過度操勞。

婚戀姻緣運：運勢星級：★★★★

肖猴者這一年的桃花運勢非常出眾。今年肖猴者遇到正財星乙木，正財主正緣，正緣出現，使得單身男性今年異性緣變旺，有機會結識新的桃花對象，談戀愛結婚俱佳。肖猴女性今年遇到偏官星巳火，在抓住機會的同時，要注意務必慧眼識人，勿被誘惑受欺騙。已婚人士則需要注意跟異性保持距離，以免造成感情是非。本年由於申金與巳火合中有剋、合中帶刑，加上「孤辰」、「亡神」的影響，有部分肖猴者的感情體驗好比過山車，跌宕起伏明顯，或緣來緣去終成空。

各類人士行運指南

職場精英——因流年天干正財透出，又得歲君偏官生助，肖猴的職場精英今年事業順利。六合歲君，兼有「八白」、「太陰」等吉星拱運，皆有助於職場精英獲得領導或貴人的賞識，有望得到提拔重用，事業發展易有升遷之喜，同時，肖猴者亦有機會涉獵其他的行業領域，開展副業或投資運營新的項目。職場人士只要踏實工作，充分發揮自身實力，積極進取，這一年是名利雙收的年份。

經商人士——肖猴的經商人士今年人脈處處暢通，今年可謂春風得意，「太陰」入命，很容易遇到女性大貴人來幫扶和成就自己的事業。經商人士今年應把握大好時機，積極主動地擴展社交圈子，提升人脈資源的質量，為事業打下堅實的基礎。同時，今年流年天干為正財，「八白」也主正財，肖猴的經商人士適宜步步為營，循序漸進，方可把財富牢牢抓穩。另一方面，因與歲君合中帶刑剋，經商人士尤需注意，不可沉溺於短期利益，務必遵紀守規，合法經營。

單身男女——財官俱現的年份，肖猴的單身男女感情生活易有明顯變化。今年因財官配偶星的出現，單身男女桃花暢旺，容易在事業發展，或求財過程中，結識不錯的桃花姻緣。若是遇到心動的人，肖猴的單身者不妨主動創造機會接近和瞭解，大有機會發展出戀情。需要注意的是，尋找緣分的過程中，不要輕易被有心人迷惑，以免陷入情感糾紛，損財傷心。尤其肖猴的女性，今年的桃花受各方面因素共同作用，波折多，務必擦亮眼睛多番考察。

已婚人士——肖猴的已婚人士今年桃花不錯，財官旺相，且與歲君相合，給肖猴的朋友帶來不錯的異性緣。已婚人士需以家庭為重，不可受桃色誘惑，損害家庭和諧。同時，肖猴者今年事業心重，求財慾望強，事業方面的規劃與野心也很多。相應的，已婚肖猴者因奔波忙碌，對於伴侶子女父母難免疏忽，而各方面的壓力也會讓肖猴者暴躁易怒。因此，已婚的肖

猴者今年務必要多給予家人包容與理解，主動付出，維護家庭穩定。

莘莘學子——在財來生官之年，因受到偏官剋合的影響，肖猴學子面臨的學業壓力將增大。對於八字原局喜用財官的學子而言，今年在學業上的全心付出和主動投入多會取得不錯的成績。反之，對於以財官為忌的學子而言，今年學業壓力較大，如果沒有建立良好的學習習慣、找對學習方法或耽於玩樂享受則易影響學業表現。

不同年份人士運勢

二〇〇四年·甲申年出生——「過樹之猴」

二〇〇四年的肖猴者，納音五行為「泉中水」，乙巳流年納音「佛燈火」為其財星，今年與歲君相合，單身的肖猴朋友今年財運和感情運勢比較好，單身人士也容易遇見合意的異性朋友，可以請周邊的同事朋友親戚給介紹異性朋友；已婚人士利於懷孕生育。虛歲22的男士，今年遇「金曜」值命，容易有「凡事不隨心」的感覺，但依然需要積極面對，努力拼搏；虛歲22的女士，今年遇「太陰」值命，須留意防範流產、難產及婦科健康等問題。

一九九二年．壬申年出生——「清秀之猴」

一九九二年的肖猴者，納音五行為「劍鋒金」，乙巳流年納音「佛燈火」為其官星，今年合歲君，這代表今年的事業運會有不錯的上升空間，能夠獲得好的機遇和貴人的賞識。單身女性可以把握姻緣良機，戀愛結婚；已婚人士婚姻也融洽甜蜜。虛歲 34 的男士，今年遇「計都」值命，將會遇到較多的突發狀況，適合遠行求財，不應長期待在家中，另須注意家中寵物的健康及安全；虛歲 34 的女生，今年遇「太陽」值命，此星不利女性，女性須防各類突如其來的災殃。

一九八〇年．庚申年出生——「食果之猴」

一九八〇年的肖猴者，納音五行為「石榴木」，乙巳流年納音「佛燈火」為其食傷，創業經營的老闆今年逢食傷流年，掙錢的思路很活絡，賺錢的機會很多。職場人士和公職人員今年反而要謹言慎行，待人謙遜，以免無意中得罪領導、客戶及周圍同事而不自知，影響自己的事業前程。虛歲 46 的男士，今年遇「羅睺」值命，容易遭遇口舌、官非等困擾；虛歲 46 的女士，今年遇「計都」值命，同樣容易遇到口舌及官非的困擾，適合旅行、出差、遠行求財。

一九六八年・戊申年出生──「獨立之猴」

一九六八年的肖猴者，納音五行為「大驛土」，乙巳流年納音「佛燈火」為其印星，今年將容易受到來自家庭的壓力，讓你感到心情煩悶不已，但只要積極面對事業及生活，這種壓力也將成為護佑家庭的動力。此外，今年你們也適合考慮適當的投資。虛歲58的男士，今年遇「金曜」值命，容易有「凡事不隨心」的感覺，故須以平常心對待萬事萬物；虛歲58的女士，今年遇「太陰」值命，需要留意婦科方面的健康問題。

一九五六年・丙申年出生──「山上之猴」

一九五六年的肖猴者，納音五行為「山下火」，乙巳流年納音「佛燈火」為其比劫，今年須留意被他人騙錢的事情發生，務必不要有投機及擔保行為。同時，你們今年會有較多機會與親朋好友相聚，回憶往日時光，敦親睦友。虛歲70的男士，今年遇「計都」值命，容易出現忽然而至的意外，家中有寵物的朋友需小心寵物的健康；虛歲70的女士，今年遇「太陽」值命，對女性而言並不吉利，容易出現各種預料不到的災殃。

流月運勢

農曆一月・立春戊寅月（2月3日～3月4日）

運勢星級：★★

肖猴者在乙巳年正月的運勢容易大起大落，因為申金與歲君巳火和月令寅木形成了寅巳申三刑，如果大運不配合，或是正走不利大運，很容易是非纏身，陷入糾紛。事業財富方面，本月你容易破財，多有奔波勞碌之苦。婚姻感情方面，本月你與伴侶宜和平相處。

農曆二月・驚蟄己卯月（3月5日～4月3日）

運勢星級：★★★

與上月相比，此月肖猴者的運勢有明顯回升，由動蕩趨向平穩，若有良機不妨好好把握，乘勢而上。事業方面，受全年官星合身的情況影響，此月你的積極性很高，能積極進取。財富方面，財星旺相，你的進財機遇增加，需量力而為，切忌貪多求快。婚姻感情方面，本月你的桃花暢旺，表現欲強。健康方面，你當注意肝臟方面的保健。

農曆三月・清明庚辰月（4月4日～5月4日）

運勢星級：★★

本月肖猴者的運勢稍有回落，又到了多事之月，需要格外細致謹慎。事業方面，因「傷官見官，為禍百端」，你對事對人宜少說多做，低調而勿張揚，儘量遠離是非，減少衝突。財富方面，本月你能感受到財來財走，雖有進財機會，但支出也會相應增加，尤其容易有意料之外的支出。婚姻感情方面，本月你的桃花運稍差，需靜待時機。

農曆四月・立夏辛巳月（5月5日～6月4日）

運勢星級：★★★

本月你的運勢比上月稍有提升，但在工作方面容易出現不穩定，凡事皆須好好考慮，做好計劃。事業方面，出現官星爭合，你可能會有跳槽的念頭或機會，請好好斟酌考慮，再作選擇；本月你的創業意向增加，如果實力不足的話，不妨爭取與他人合夥。婚姻感情方面，女性朋友容易出現搖擺不定的情況，男性朋友則比較投入，感情和諧。

農曆五月・芒種壬午月（6月5日～7月6日）

運勢星級：★★★

本月肖猴者的運勢容易兩極分化，這種時候心態尤為重要。事業方面，你易為錢財所

累，工作雖然努力，但短期內難有明顯的收益；本月你也容易表現出強烈的野心和慾望，給人一種想得多、說得多，但做得少的感覺，是故不妨低調做事，減少思想內耗。財富方面，你有不錯的機會，但不可心急，心急則容易功虧一簣。婚姻感情方面，單身的朋友對於桃花感情的渴望增加，不妨積極主動社交，給自己創造機會。

農曆六月．小暑癸未月（7月7日~8月6日）

運勢星級：★★★

本月肖猴者的運勢不甚如意，充滿壓力和考驗，好在也有貴人出現，遇到難題易得貴人相助。事業方面，你的效率不錯，但靈活度不足，適合中規中矩做事，不宜圖謀太多。財富方面，本月因印旺而財破，肖猴者不宜有大的投資舉動，容易判斷失誤或是上當受騙。婚姻感情方面，本月肖猴者的桃花運一般，已有伴侶人士不妨多關懷體貼另一半，避免誤會和爭吵。

農曆七月．立秋甲申月（8月7日~9月6日）

運勢星級：★★★

本月肖猴者在工作上容易遇到強有力的競爭對手，或是有爭奪功勞的情況出現。事業方面，因比劫旺相，與申金爭合歲君巳火，肖猴者如果個人準備不足，容易被他人從中爭功劫財。財富方面，比劫旺相既可劫財又可幫身，所以如果是實力不足的朋友，不妨選擇與他人合夥做事，實力強勁的朋友則適合單打獨鬥。婚姻感情方面，肖猴者本月容易面臨他人插足或多人競爭。

農曆八月・白露乙酉月（9月7日～10月7日）

運勢星級：★★

本月肖猴者的運勢下滑，本月的對手容易直接與你競爭搶奪。事業方面，因劫財星旺相，與歲君有半合之勢，肖猴者在工作時易遇到強勁對手，需要打起十二分精神來應對。財富方面，你應保守為宜，踏實做事，不宜爭強好勝。婚姻感情方面，肖猴者可能會出現難以抗拒他人誘惑，或另一半搖擺不定的情況。

農曆九月・寒露丙戌月（10月8日～11月6日）

運勢星級：★★★★

經過上兩個月的競爭與低迷，肖猴的朋友在此月終於迎來相對平穩和諧的狀態，身心可以放鬆，狀態回升。事業方面，你會靈感進發，工作效率得到提升，人脈方面也越發如魚得水。財富方面，因食傷旺象，你的進財機會增加，收入水漲船高，尤其是經商人士，本月財源豐厚，記得好好把握。婚姻感情方面，你們的感情生活進入了穩定發展階段。

農曆十月・立冬丁亥月（11月7日～12月6日）

運勢星級：★★

本月月令與流年歲君相沖，逢沖則多動，本月肖猴者運勢可謂一波三折，多有變故，還容易遭遇小人。事業方面，你的想法較多，也有剛愎自用的一面出現，可能會因此而破壞人際關係。財富方面，因食傷較旺，你雖想法多但執行力有點拖後腿，財富方面難有提升。婚戀方面，本月你易怒易躁，一言不合就可能發生衝突和爭執，記得及時釋放壓力。健康方面，你須增加運動量，改善睡眠，增強體質。

農曆十一月・大雪戊子月（12月7日～26年1月4日）

運勢星級：★★★

本月肖猴者的運勢有提升，但容易受他人影響導致走勢左右搖擺，甚或會判斷失誤。事業方面，因申子半合水局，食傷暢旺，肖猴者的優勢在於頭腦靈活反應快，缺點是不夠務實，投機取巧的心思重，若想要事業有進展，須腳踏實地做事。財富方面，經歷過上月的空想多執行少之後，本月肖猴者的行動力增加，求財機會也增多，但要量力而行。婚戀感情方面，已有伴侶者容易與伴侶爭吵。

農曆十二月・己丑月（26年1月5日～2月2日）

運勢星級：★★★★★

肖猴者今年在是非波折中開始，以吉祥穩定結束，算是精彩紛呈的一年。事業方面，本月你有機會得到上司的賞識與提拔，可更上一層樓。財運方面，本月利於正財，你將有可能獲得加薪機會。婚姻感情方面，你須注意協調另一半與長輩之間的關係，單身的朋友有望通過長輩結識到不錯的緣份。健康方面，本月你須注意胃腸方面問題。

雞

《年運詩簽》

歲君拱合吉慶豐，
事業機遇輔相成；
雖見凶星來破壞，
運籌帷幄顯才能。

整體運程

開運顏色：黑色

開運數字：1、6

進入二〇二五乙巳年，太歲巳中本氣丙火為肖雞者之正官星，流年天干乙木為其偏財星，流年與歲君巳酉相合，全年可得到歲君額外的照撫與助力。吉星多於凶星，雖然難免會遇有別有用心之人的侵害、易陷入是非糾纏之中，但有歲君這個大貴人在，加上吉星的加持，還是會有一定的平穩提升。

流年吉凶星曜

吉星：四綠、三臺、將星、地解

本年「四綠」星入宮，此星主文昌、考學、升遷、功名爵祿之事，今年肖雞者可以好好把握機會，努力充實自己，推進事業和學業的發展。「三臺」吉星，主因科甲名望帶來社會地位及職權，有助於肖雞者在事業發展或考學競爭中獲得更好的表現，提升社會地位、升職掌權、增強工作上的話語權、決策權等等。「地解」為化險為夷、解厄除晦的吉曜。

凶星：五鬼、官符、飛符

肖雞者受「五鬼」干擾，今年須防不善之人來找麻煩，給自己造成金錢利益或名譽上的損失，影響事業前途等，同時還須注意身體方面的保養，避免出現怪病或難愈之症等。流年逢「官符」和「飛符」這兩顆是非之曜，言行宜合法合規，提防出現爭訟、官非纏身之事。

流年四大運勢

正財偏財運：運勢星級：★★★★★

肖雞者今年財運大好，正偏財雙旺。流年天干乙木為肖雞者的偏財星，多有機緣巧遇或者意外之財，對於有投資意象的朋友來說，如果有考察好或把握的項目，可以付諸行動，有利可得。巳酉相合，歲君巳火為肖雞者的正官星，肖雞者可謂財來合身，事業也會帶來不錯

蛇 馬 羊 猴 雞 狗 豬 鼠 牛 虎 兔 龍

的薪資回報。全年偏財生正官，你在工作事業上大有可為，適合繼續在本職工作方面持續深耕，易有不錯的成果與收穫。

事業學業運：運勢星級：★★★★

肖雞者今年遇財官相生，工作大旺。歲星與自身投合，今年工作上好機會多，易出成績，升職加薪的幾率非常大。再加上吉星「四綠」、「三臺」、「將星」都利助事業，對於從事文化、教育、文職工作朋友特別有利。須注意的是，凶星「官符」與「非符」的影響，工作中一旦觸及高壓線就容易出現官訟或麻煩纏身；歲君與肖雞者巳酉暗拱比劫星，也意味著工作並不如表面看起來那樣春風得意，也暗藏著競爭；凶星「五鬼」也易招惹小人，使事業發展受阻。

健康安全運：運勢星級：★★★

肖雞者走財官流年，得歲君巳火合身，全年可得庇佑，但是在換季的時候要注意身體方面的小毛病，尤其是肺、呼吸系統方面的問題；日常生活中要預防利器傷害。此外，今年是肖雞者財官雙旺的年份，工作強度和壓力並存，容易帶來氣血鬱結，從而影響脾胃功能等健康。凶星「五鬼」易帶來怪病或難愈之症，所以肖雞者本年須安排好體檢，注重保養，防患未然。

婚戀姻緣運：運勢星級：★★★★

二〇二五年巳酉相合，流年天干乙木為肖雞者的偏財星，在感情方面，單身男性朋友桃花資訊明顯，並且意外情緣指數非常高。而對肖雞女性來說，歲君巳火為其正官星，今年遇到正緣幾率高，或者是過去處於萌芽狀態的感情明朗化，甚至有成婚之喜，單身人士不妨抓住機會。對於已婚人士來說，女性朋友正官星合身，夫妻感情融洽，同時要注意外來桃花的誘惹，堅守身心專一；男性朋友切勿三心二意，處處留情，懂得避嫌，不要和異性玩曖昧，以免影響婚姻感情。

各類人士行運指南

職場精英——財官暢旺之年，今年肖雞的職場精英幸運眷顧，思路清晰，事業順利，財富平穩有力，會有大好的發展勢頭。肖雞者可以抓住良機，充分鍛煉自己，培養自己的能力，只要認真負責，踏實工作，在貴人的扶持下可事半功倍，升職加薪。但由於巳酉暗拱，也意味著肖雞者的工作暗藏競爭，凶星「五鬼」也易招惹到別有用心之人，使事業發展受阻。

經商人士——今年財官雙旺，而對於經商的朋友來說，今年可謂財路廣闊，利快速得財，是大好的流年。你在事業上會有新的突破和拓展，可積極把握，發現新的商機可大方出手，會有不一樣的收穫；經營好人脈，必要時請身邊的貴人搭橋牽線。你在努力打拼的過程中，一定要注意搞好人際關係，否則很容易引起小人眼紅妒忌，從中使壞。涉及到合夥合作方面的事宜，你要注意凶星「五鬼」帶來的金錢利益或名譽損失的隱患。

單身男女——肖雞者在乙巳年遇到財官雙旺的年份，桃花姻緣非比尋常。單身男女在感情上容易有開花結果的好事，有機會遇到情投意合的戀人。單身的女性肖雞朋友遇官星帶合，更是桃花大好的資訊。你將有望通過工作關係的接觸、或長輩貴人的牽線，結識到能力優秀的異性朋友。若你遇上了看對眼的人，不妨主動接近和瞭解，大有機會發展出戀情。肖雞的單身男性在偏財流年意外情緣指數非常高，要注意防範桃花陷阱。

已婚人士——對於已婚人士來說，今年家庭的關係會趨於穩定，和家庭成員的矛盾會減少。但也要注意，因本年肖雞者財官雙旺，會有大量精力放在事業和財運上，難免會冷落家庭，因此要好好調衡事業和家庭以及事業和健康的關係。你須注意親情愛情的保鮮，按時養生保健。已婚的肖雞者今年對待另一半須要有更多的關懷和包容，不要逞一時之氣，以免傷害感情和家庭。

莘莘學子——肖雞者的學子，以及有考試、考證等需求的肖雞者，今年遇歲君正官星合身。

官星代表了地位和榮譽，肖雞者逢官星合身，則在學習方面會比較勤奮，自律性強，具有堅定的目標性，能夠為之努力，不斷向前，相對來說考試成績會比較優越。加上吉星「四綠」和「三臺」的加持，對你而言亦有利於讀書考試和科甲名望。須注意的是，因流年天干乙木為肖雞者的偏財星，本年肖雞學子容易心散，不夠專注。

不同年份人士運勢

二〇〇五年·乙酉年出生——「唱午之雞」

二〇〇五年的肖雞者，納音五行為「泉中水」，乙巳流年納音「佛燈火」為其財星，今年須通過自身努力，方能辛苦得財，工作中只有踏實肯幹，領導也會給予重用的機會。感情方面，桃花緣分活躍，單身人士很容易邂逅意中人，有伴侶的則要提防爛桃花。虛歲21的男士，今年遇「水曜」值臨，今年將有較多的喜慶之事，遠行發展將有較好的財富；虛歲21的女士，今年遇「木曜」值臨，女性今年易臨桃花，感情和合，家中人口平安，但須防意外血光。

一九九三年·癸酉年出生——「棲宿之雞」

一九九三年的肖雞者，納音五行為「劍鋒金」，乙巳流年納音「佛燈火」為其官星，今年會遭遇各種挑戰及競爭，也會有事業的拓展及地位的提升機會。做生意的人須小心處理稅

務工商方面的問題，以免麻煩纏身；虛歲 33 的男士，今年遇「計都」值臨，將會遇到較多的突發狀況，適合遠行求財，不應長期待在家中，另須注意家中寵物的健康及安全。虛歲 33 的女生，今年遇「太陽」值臨，此星不利女性，女性須防各類忽如其來的變故。

一九八一年・辛酉年出生——「龍藏之雞」

一九八一年的肖雞者，納音五行為「石榴木」，乙巳流年納音「佛燈火」為其食傷，創業經營的老闆今年逢食傷流年，掙錢的思路很活絡，賺錢的機會很多，如果能配合個人格局將「九紫金蟾」擺放在財位，寓意利護財富，財源廣進。職場人士和公職人員今年反而要謹言慎行，待人謙遜，以免無意中得罪他人，影響自己的事業前程。虛歲 45 的男士，今年遇「木曜」值臨，須注意眼睛的疾病或損傷；虛歲 45 的女士，今年遇「水曜」值臨，一方面須要注意口舌是非，另一方面也須要注意防範水患，避免於年內參加水上活動或使用水上交通工具。

一九六九年・己酉年出生——「報曉之雞」

一九六九年的肖雞者，納音五行為「大驛土」，乙巳流年納音「佛燈火」為其印星，今年將容易受到來自家庭的壓力，讓你感到心情煩悶不已，但只要積極面對事業及生活，這種壓力也將成為護佑家庭的動力。此外，今年也適合考慮房產投資。虛歲 57 的男士，今年遇「水曜」值臨，將會有較多的喜事發生，家中有較大的添丁可能，遠行有利財富；虛歲 57 的女士，今年遇「木曜」，今年須小心意外血光，但總體而言問題並不大。

一九五七年・丁酉年出生—「獨立之雞」

一九五七年的肖雞者，納音五行為」山下火」，乙巳流年納音「佛燈火」為其比劫，今年須留意被他人騙錢的事情發生，務必不要有投機及擔保行為。同時，今年會有較多機會與親朋好友相聚，回憶往日時光，敦親睦友。虛歲 69 的男士，今年遇「火曜」值臨，「行年值火星，守舊且安身」，今年容易家中出現人口不安，六畜不寧的情況，虛歲 69 的女士，今年遇「羅睺」值臨，容易有煩悶之事，也須要注意防範意外血光。

流月運勢

農曆一月・立春戊寅月（2月3日~3月4日）

運勢星級：★★★★

本月對肖雞者來講比較有利，諸事順利，勢頭大好。事業方面，本月你的個人能力可以得到較好的發揮，表現出眾，能夠取得令人滿意的成果；建議你在面對機會時努力爭取，果斷行事，切忌思前想後，錯失良機。財運方面，本月你財源旺盛，也會有很好的想法給你帶來財富機會，但不宜高調炫耀，以免財富受損耗。感情方面，單身者有望邂逅優質桃花，與

有伴侶者感情處於升溫狀態。

農曆二月・驚蟄己卯月（3月5日～4月3日）

運勢星級：★★

本月肖雞者遇到相沖的現象，對各個方面都會存在影響，須保持積極心態。事業方面，起伏波動不穩定，個人狀態也起起落落，會顯得萎靡難振作，進而影響個人能力的發揮和工作表現，故本月須要堅定信念，保持勤勉，專注手頭事情；財富方面，有耗財損財之象，勿做投機取巧之事，以免遭遇陷阱；感情方面，多不穩定，儘量避免因雙方意見分歧而相互指責，應放平心態，相互包容、和睦相處。健康方面，須防血光之災，以及筋骨、呼吸道方面的不適。

農曆三月・清明庚辰月（4月4日～5月4日）

運勢星級：★★★★

本月走勢回升，有利有弊，保持理性判斷，不要盲目隨眾。事業方面，易有貴人相助，領導或上司對自己也格外的信任與認可，多有被提攜的好事出現；事業、工作上大有作為，所以本月不妨保持勤勉，搞好與上下級之間的關係，遇事多聽取他人的意見，全身心投入工作，有望在工作上取得好的提升和收益。財富方面，正財比較旺；感情方面，較為和美，單身肖雞朋友有望邂逅良緣，找到理想的另一半。

農曆四月・立夏辛巳月（5月5日～6月4日）

運勢星級：★★★

進入農曆四月，對屬相來講，多能得到好的機緣眷顧；工作上，事業心很強，也比較得心應手，只要順勢而為，踏實做事，有望取得不錯的成績和收穫。本月有利於副業的開展，但易受眼界的限制，成績不高；財富暢旺，但有爭合，投資須謹慎，以防因中陷阱、圈套而耗財。感情方面，單身女性異性緣旺，已婚女性容易出現口舌之爭和意見分歧。

農曆五月・芒種壬午月（6月5日～7月6日）

運勢星級：★★★

本月走勢平順，經過前幾個月的努力後，本月各方面都顯得遊刃有餘。事業方面，做事得心應手，依靠過去的經驗足夠讓你輕鬆解決面對的問題，也能夠取得老闆或上司的信任，不可居功自傲，遇事多請教老闆或上司，謹言慎行，以防在無意中得罪人而產生隱患；財富方面，相對穩定，按部就班即可；感情方面，要多關心另一半，以免冷落對方，感情出現隔閡。

農曆六月・小暑癸未月（7月7日～8月6日）

運勢星級：★★★

本月走勢起伏不定，會面臨一些看似好的機遇和機會，但實則暗藏風險。事業方面，發展順利，但心思也容易被外界事物所吸引，從而不能專注於手頭的事情，雖然不至於影響你的表現，但還是須要把握好尺度，穩健為上。財務方面，與上個月差別不大。感情方面，雖然時有桃花出現，但個人興致缺缺，表現得不太熱衷。健康上，多注意腸胃、腰部、上呼吸道的健康即可。

農曆七月・立秋甲申月（8月7日～9月6日）

運勢星級：★★★

肖雞的朋友在本月逢申酉半合，力量大增，可謂春風得意。事業呈直線上升之勢，自身價值得以肯定，平時注意自身言行，團結好周邊的力量，有望取得豐厚回報。但要注意，相合本為好事，但因是半合，多有合而不穩之象，故經商的肖雞朋友們須多些注意，防先吉後凶之象。在感情方面，單身的肖雞朋友感情難以在本月確定下來。家中有屬相為雞的長輩，須多注意肺部、呼吸道以及皮外傷等疾痛。

農曆八月・白露乙酉月（9月7日～10月7日）

運勢星級：★★

本月酉酉自刑，肖雞者運勢容易大起大落。事業方面，你會有不錯的機會，但亦可能會出現強有力的對手與你進行競爭。財富方面，本月你有想法，有幹勁，但執行力稍弱，想得

多做得少，容易因此招惹一些是非和麻煩，不妨少想多做，專注執行。感情方面，有伴侶者不妨多信任對方，享受陪伴與溫情。健康上你須注意肺部、上呼吸道、筋骨等方面的保養。

農曆九月・寒露丙戌月（10月8日～11月6日）

運勢星級：★★

本月你的運勢下滑，做事阻礙較多。你在工作上壓力較大，受他人的約束管制較多，有志難伸，而且容易受到小人的背後挑撥與搬弄是非所擾，行事很難順利。建議本月你萬事以穩為主，勿強出頭，多做少說，克制一下表現慾，避免禍從口出。感情上口舌是非較重，容易爭吵不休。健康方面，你須多注意嗓子、呼吸道、脾胃方面的病症。

農曆十月・立冬丁亥月（11月7日～12月6日）

運勢星級：★★★

本月逢「食祿生財星」，運勢逐漸有所回升。你的事業工作平穩發展，注意保持勤勉努力，不要耍小聰明，以免前功盡棄得不償失。財運方面，本月你想法很多，但行動力略微落後，空想多於落地執行；感情方面，單身的朋友比較渴望異性，能夠有不錯的桃花緣；已婚的朋友則要防止心猿意馬。

農曆十一月・大雪戊子月（12月7日～26年1月4日）

運勢星級：★★★★

本月肖雞者運勢明顯回升。事業方面，你一改往日的懶散與小聰明，開始認真對待，期望再創新高，能得到不錯的收穫和回報。財運方面，本月你多勞多得，也有意外之財，如果有理財的想法不妨嘗試。婚姻感情方面，本月你感覺比較平順，上個月騷動的心本月變得比較寧靜，開始務實當下的感情。

農曆十二月・己丑月（26年1月5日～2月2日）

運勢星級：★★★★★

進入二〇二五年的最後一個月，對於肖雞者來說極為有利，可謂完美收官。肖雞者與流年歲君和月令形成了巳酉丑三合金局，得流月歲星和流年歲星眷顧，整月暢通無阻，心想事成。事業方面，你有貴人相助，個人能力可得到充分發揮，只要一如既往的努力勤奮認真，可更上一層樓。財運方面，你的正偏財雙旺，收益豐厚。感情方面，你與伴侶之間穩定和睦，有和合之喜，適合求婚、訂婚或結婚。

《年運詩簽》

歲君相生身心舒，
凶星耗損事多磨。
財氣天降平溝壑，
意氣風發向坦途。

整體運程

開運顏色：黑色

開運數字：1、6

進入二〇二五乙巳年，太歲巳中本氣丙火為肖狗者之偏印星，流年天干乙木為其正官星，流年得歲君相生相助，亦屬於官印相生的年份，會有更廣闊的舞臺和機會，從而才華得到更好的發揮，才華和智慧的施展又使得各個方面更加出色，但同時要警惕凶星帶來的影響，導致本來豐碩的收獲遭受到損失和破壞。

流年吉凶星曜

吉星：紅鸞、攀鞍、月德

肖狗者本年逢「紅鸞」，感情緣分增強，婚戀上易有喜事，單身男女容易邂逅良緣；戀愛之人有望步入婚姻的殿堂；有對象者有望促進夫妻感情，享受美好的家庭生活。流年遇「攀鞍」有助於肖狗者獲得事業升遷、升職掌權、彰顯功名、在異鄉立業發展等機會。「月德」代表貴人星，意味著肖狗者在2024年有望親賢近貴、結交貴人，獲得助力。

凶星：三碧、小耗、死符、陰煞

「三碧」主口舌爭訟、是非爭鬥、財物盜失等事。「小耗」主金錢財物上的虛耗、費用支出增多。「死符」主意外傷害、疾病纏身、官非糾紛、錢財損失事。肖狗者今年逢「陰煞」，要注意被人使壞、妨害、干擾或破壞自身的發展或其他方面，同時，投資理財須持謹慎態度，避免發生損財損失的情況。

流年四大運勢

正財偏財運：運勢星級：★★★

二〇二五年肖狗者可得歲君相生，有進財機會。歲君巳火為肖狗者的偏印星，利學習與沉澱，印旺則財弱，故全年財富值相對平淡。肖狗者全年官印相生，過分追求財富則須要承擔來白於四面八方的壓力，身心難暢，嚴重者有疲於奔命之感，加上凶星「小耗」、「死符」、「陰煞」的疊加影響，破耗和損失增加，不管是個人收穫、支出還是額外的投資、花銷可能都會增加，注意有入不敷出可能的出現，所以全年在財富方面不宜有較大的舉動或投入，守成為宜。而對於經商的朋友來說，全年行事要謹言慎行，尊重市場規律和商業道德與底線，受凶星的影響，注意管理，不要盲目擴大規模，以免陷於官非，遭受損失。建議肖狗者和易祈吉祥的專家老師詳細瞭解全年求財細節，提前避開不利。。

事業學業運：運勢星級：★★★★

流年天干乙木為肖狗者的正官星，歲支巳火為肖狗者的偏印星，官印相生，印來生身，自身能量充沛。肖狗者二〇二五年工作學習能力變強，處理各項事情得心應手，正官星的出現代表了肖狗者這一年機會變多、地位提升、人緣增強，而偏印星則表示個人才華能力可以更好的施展出來，兩者相得益彰，加上吉星「攀鞍」的助力，易有事業有成之喜；須要注意的是，偏印流年容易心浮氣躁，影響事業表現，加上凶星「三碧」、「陰煞」的影響，事業容易受有心人干擾壞事，引起口舌是非和人事紛爭，不可疏忽大意，要謹言慎行，提防小人暗害，避開是非糾紛。

健康安全運：運勢星級：★★★

肖狗者走偏印流年，可補充自身元氣，令其健康方面有驚無險，減少嚴重疾病的出現。但因其自身火旺，平時的生活裏要注意心腦血管方面的保健，少吃促炎類的食物，多攝入新鮮的蔬菜水果，肉類以白肉為主，減少紅肉的食用頻率，注意清熱潤肺，保持飲食方面的平衡性和種類的豐富性。今年有凶星「死符」，要防範出現一些意外傷害、疾病纏身，自身有基礎病的朋友要按時服藥與複查。有孕在身之人多注意健康和安全。

婚戀姻緣運：運勢星級：★★★★

對於單身肖狗者士來說，今年有「紅鸞」吉星入宮，無論男女，皆利桃花和姻緣，有修成正果的機會。對於肖狗的單身男士來說，自身的異性緣較為一般，對於感情自身秉持著隨緣的態度，不冷漠但也不積極，好在有「紅鸞」星的助力，依然有機會發展戀情；對於肖狗的單身女性來說，流年天干乙木正官，代表著正緣的出現，再加上「紅鸞」助力，有望攜手桃花正緣，故本年不妨抓住機會。對於已婚人士來說，本年桃花暢旺，不利家庭穩定，須要保持感情專一之勢，並且額外注意社交距離，以免產生不必要的誤會。

各類人士行運指南

職場精英——今年肖狗者得歲君相生，全年均可得到饋贈，尤其在事業方面，易得順心；在職場工作中能得到老闆的賞識和提拔，與同事也相處融洽，合作順利，若能保持勤勉奮進的心態，在「攀鞍」的助力下，加薪晉職近在眼前。此外，工作中要注意謙遜待人，以免得罪人而不自知，導致出現不必要的人事紛爭。

經商人士——肖狗者在二〇二五年逢官印流年，經商人士在商場中能夠得貴人朋友熱心扶助。得歲君相生，得到事業發展機會的同時，也要承受來自四面八方的壓力，辛苦勞累，但事倍功半，收穫很難如願。再加上凶星「小耗」、「死符」、「陰煞」的疊加影響，破耗和損失增加，不管是個人收穫、支出還是額外的投資、花銷可能都會增加，有入不敷出的可能，所以經商的朋友全年行事要謹慎，尊重市場規律和商業道德與底線，受凶星的影響，注意管理，不要盲目擴大規模，以免陷於官非，遭受損失。

單身男女——流年遇「紅鸞」入命，肖狗的單身男女今年脫單意願強烈，桃花不錯。單身者容易遇上心儀的對象。若能開展戀情，肖狗者要用心維系，否則感情容易因各種因素影響，無疾而終。肖狗者今年在人際交往中，要格外注意防止得罪他人，免得麻煩纏身，損財傷心。

已婚人士——二〇二五乙巳年，受「小耗」、「死符」的影響，肖狗的已婚朋友很容易因錢財損耗、瑣事纏身而情緒起伏變化大，急躁憤怒在所難免，嚴重時會直接破壞夫妻關係。再加上「紅鸞」入命，桃花人緣暢旺，會分散已婚人士的注意力，已婚肖狗者今年不妨多放心思在另一半身上，適時來一些小驚喜，找機會獨處，重溫昔日甜蜜時光，用潤物細無聲的方式，一邊給感情升溫，一邊輕鬆愉快的解決雙方的小矛盾，保持婚姻和家庭的溫馨和睦。

莘莘學子——肖狗者學子或者有考試、考證等需求的肖狗者，今年遇正官星和偏印星，均是有利讀書學習、考試考公和取得成績的有利因素。學子們自律性強，能夠堅定目標為之努力奮鬥，同時領悟力學習能力得到提升，掌握必須的知識相對順利，吉星「攀鞍」的出現，代表學業力求進步之人可得眷顧，功名之途順遂。但須要注意的是，易有驕傲自滿情緒的滋長，導致學習不踏實，自我認知出現偏差，因此要使終堅守謙虛低調、勤學奮進、務實努力的心態。

不同年份人士運勢

二〇〇六年・丙戌年出生—「自眠之犬」

二〇〇六年的肖狗者，納音五行為「屋上土」，大多豪氣和順，招財得寶，自立家業，中年勤勞，晚年榮華。乙巳流年納音「佛燈火」為其印星，今年將有機會讓自己的人生更上一層樓，進入新的人生階段。今年適宜進修、自我增值，參加專業培訓，為未來的事業發展積蓄實力。另外，今年若遇到房產、車輛等大宗交易，須注意文書條款等細節問題。虛歲20的男士，今年遇「土曜」值臨，在校的學生今年將會迎來較為辛苦的一年，遇到較為嚴厲的老師，打工人士則要小心工作出錯導致老闆責備；虛歲20的女士，今年遇「火曜」值臨，一方面容易上火爆痘，另一方面須注意防範婦科方面的問題。

一九九四年・甲戌年出生——「安身之犬」

一九九四年的肖狗者，納音五行為「山頭火」，大多大多口快舌便，有權柄智謀，中年奔波，名聲遠播，福祿有餘。乙巳流年納音「佛燈火」為其比劫，今年容易跟人發生口舌爭執，須防遭受小人連累及暗算，小心意外的錢財流失。今年可以多參加同窗舊友的聚會，聯絡感情，加深情誼。虛歲32的男士，今年遇「太陽」值臨，總體走勢較好，適合旅遊、出差及遠行求財，家中將會有較多的喜慶之事；虛歲32的女士，今年遇「土曜」值臨，「行年值土星，官事來相侵」，今年要小心招惹是非，提防小人作祟，減少遠行。

一九八二年・壬戌年出生——「顧家之犬」

一九八二年的肖狗者，納音五行為「大海水」，大多一生好行善事，貴人提拔，百事順

意，早年平常，末年興旺。乙巳流年納音「佛燈火」為其財星，今年可辛苦得財。須留意身心保健，莫操勞過度。此外，今年容易出現影響婚姻家庭或個人名譽的霧水桃花，須保持清醒的頭腦，莫被迷惑。虛歲44的男士，今年遇「太陰」值臨，是凡事隨順的一年，加上「月德」星入宮，能夠獲得貴人提攜，適合遠行求財；虛歲44的女士，今年遇「金曜」值臨，今年有較多的問題，出入須提防盜賊，處事須提防小人在背後陷害。

一九七〇年・庚戌年出生──「寺觀之犬」

一九七〇年的肖狗者，納音五行為「釵釧金」，大多為人快活，利官近貴，百事如意，勤儉立業，福在晚年。乙巳流年納音「佛燈火」為其官星，一方面，今年須格外注意自身的身體健康，注意交通出行的安全；另一方面，今年若要處理財務事宜，可多聽取家人和專業人士的建議，以免上當被騙。虛歲56的男士，今年遇「土曜」值臨，本年有較多的麻煩，家宅不寧，出入多小人；虛歲56的女士，今年遇「火曜」值臨，須要留心出現意外血光，注意婦科方面的保健。

一九五八年・戊戌年出生──「進山之犬」

一九五八年的肖狗者，納音五行為「平地木」，大多為人和氣，自營自立，早年潦倒，財源耗散，晚年有財，利祿亨通。乙巳流年納音「佛燈火」為其食傷，因生年地支與流年地支相沖剋，故今年因特別注意身體保健，萬事以平常心待之，莫要動氣傷心，同時也應注意飲食的合理及衛生。虛歲68的男士，今年遇「太陽」值臨，總體走勢較好，適合旅行，家中容易有添丁喜事。虛歲68的女士，今年遇「土曜」值臨，今年較多不安之事，壞事連連，不適合遠行。

流月運勢

農曆一月・立春戊寅月（2月3日~3月4日）

運勢星級：★★★

肖狗者在巳年寅月走勢較為平順，工作方面沒有太大的起伏和波動，一如往常，平平淡淡。財富一般，意外支出較大，不利於做較大的投資。感情上，夫妻關係順暢，可適當組織一些家庭出遊的活動，增進夫妻、親子關係。健康上，良好的心情是預防百病的良藥，及時紓解不良情緒，則諸事皆安。

農曆二月・驚蟄己卯月（3月5日~4月3日）

運勢星級：★★★

本月「合中帶剋」，好壞參半。自身事業、工作上能得到良好發揮，業績突出，並可得

老闆賞識與重用；也會出現一些看似好的機會和機緣，所謂的貴人出現相助，但要當心，以防被人利用，落入圈套。財富方面，小有進賬，不宜貪圖小恩小惠，踏實做事，多勞多得。感情上，須給予對方信任，避免誤會的出現。健康須注意肝膽、腸胃方面的保養與調理。

農曆三月・清明庚辰月（4月4日～5月4日）

運勢星級：★★★

這個月較為忙碌。事業上進展良好，可能會有明顯的突破，不妨制定詳細計劃，調節好狀態，全力執行。財富方面，錢財易損，面對進財機遇，注意辨別，勿起貪念，否則容易破財。感情多有失和、分離之事，注意雙方溝通和感情維護。健康上須注意脾胃、皮膚、心髒等方面的保養與調理，有病及早就醫，切勿拖延。

農曆四月・立夏辛巳月（5月5日～6月4日）

運勢星級：★★★

本月走勢上升，事業方面，受月令生扶，多有貴人出現和助力，事業能得到發展機遇，工作得心應手，只要保持勤勉，積極上進，事業有望提升。財富和上月相比變化不大，可以適當投資，要注意精選合作對象。感情比較平穩，並無不利。

農曆五月・芒種壬午月（6月5日～7月6日）

運勢星級：★★★

本月走勢起伏明顯。事業方面較為順暢，多得貴人相助，有機會表現個人能力。財富方面，事業發展帶來收入水漲船高，付出能得到回報，偏財同樣有機進財機會。感情暢旺，單身者有望邂逅良緣，已婚夫妻感情升溫。健康上，午月為火旺之月，容易性急氣躁，於人於己均不利，注意飲食均衡，祛火降燥。

農曆六月・小暑癸未月（7月7日～8月6日）

運勢星級：★★

進入農曆六月，肖狗者走勢上多要面臨一些變故，容易落入他人陷阱，或招惹災禍是非；建議本月謹言慎行，工作中多做少說，遠離是非；維護好人脈關係，不要貪圖眼前利益，而受制於人，凡事以穩為主，方可平安度過。本月財星暗淡，不宜投資或合夥。如有投資，須進行多方面考察，謹慎抉擇感情動蕩不穩、易出變故，須用心維系，以防橫生枝節。

農曆七月・立秋甲申月（8月7日～9月6日）

運勢星級：★★★

進入農曆七月，肖狗者的走勢有了明顯回升。工作事業上多有好的表現，發展空間較

大，並多得貴人護佑提攜；只要做事認真負責，盡心竭力，定能獲得事業上的進一步提升。財務上，本月正偏財俱旺，多有意想不到的收益，利於投資獲利。感情回升，單身者脫單有望，已有伴侶者感情升溫。

農曆八月・白露乙酉月（9月7日～10月7日）

運勢星級：★★★

本月肖狗者走勢尚可。事業方面，平順中易起波瀾；工作發展順利，收入穩定；但容易招惹小人設計陷害，導致是非臨身。建議本月注意擇人、交友，尤其在熱心幫忙時須多加留意，以免出力不討好，反招惹是非災禍之事。求財易損，不宜投資。感情要多注意雙方的溝通方式，避免爭執，以免給小人可乘之機。健康上須注意出行安全和胃部、心臟、咽喉方面的病症。

農曆九月・寒露丙戌月（10月8日～11月6日）

運勢星級：★★★★

進入丙戌月，肖狗者遇比肩幫扶，走勢多有好的表現，是才能可得發揮，事業穩步發展的月份；並多得貴人朋友的幫助和指引，雖然也會面臨一些挑戰，不過往往能在競爭中得到想要的結果；只要在本月注意自身言行，多聽取上司或同事的意見，勤勉做事，能取得好的收穫。偏財強旺，利於求財和投資。感情上可能要面臨考驗，須要你保持定力。

農曆十月・立冬丁亥月（11月7日～12月6日）

運勢星級：★★★

本月較為平順。事業工作平穩發展，只要踏實工作，不受外界干擾，放棄投機取巧心理，諸事順利，勞有所獲。財富尚可，錢財收入穩定，勿貪多求快，容易被騙。感情方面，一如往常。健康上注意飲食有度，不宜過量飲酒。

農曆十一月・大雪戊子月（12月7日～26年1月4日）

運勢星級：★★★

本月走勢大好。事業方面，多有不錯的機會出現，只要保持勤奮努力，團結好周邊的關係和力量，事業上能有一番作為；是施展自身抱負的好時機，多勞多得，助力較多。財富方面，正偏財雙旺，可能會有意想不到的錢財收穫。感情和美。

農曆十二月・己丑月（26年1月5日～2月2日）

運勢星級：★★★

本月順中帶剋，吉凶參半；事業方面發展不錯，行事順利，業績突出，而且人脈暢旺，

能得到他人幫助；但面對機會時，切勿大意，保持謹慎，更不可自恃功高，言語無狀，頂撞老闆或貴人，凡事低調求穩為好。財富方面，須防投資耗財，本月不宜投資合作。感情上容易有兩難心理，既有煩感心理，又難以割捨。健康須注意脾胃、肚腹、肝膽方面的病症出現。

《年運詩籤》

巳亥相沖勢洶洶，破碎欄杆患無窮；
驛馬交馳頻撲運，唯賴正印護有功。

整體運程

開運顏色：白色

開運數字：4、9

乙巳蛇年，肖豬者今年「沖太歲」，各方面走勢容易出現一些轉折變動，但具體影響與變化結果是利是弊，須視乎個人八字原局組合與大運而定。一般而言，逢沖之年易見是非損耗，是故肖豬者本年遇事須謹慎應對。

流年吉凶星曜

吉星：驛馬、月空

肖豬者因「驛馬」星入本宮，本年外出奔波、遠行、差旅的機會增多，也容易更換工作、變換居住地或是辦公地點。「月空」為吉星，有助於化險為夷、脫離困境、解決麻煩問題。建議肖豬者多多助人為樂，自利利他，如此一來可以主動應象，更好地消解不順。

凶星：三碧、大耗、破碎、欄杆、披頭

「三碧」的飛臨，主口舌爭訟、財物盜失等事。「大耗」帶有破壞性、損耗性，肖豬者遇此星要注意其對事業發展、投資合作等方面產生的不利影響。「破碎」主破敗損財、關係破裂等，不利社交合作、感情關係、身體健康等方面。「欄杆」的出現增加了肖豬者今年破財與身體損傷的可能性。年逢「披頭」，肖豬者容易碰到白事，須多注意家中長輩健康。

流年四大運勢

正財偏財運：運勢星級：★★★

受巳亥相沖的負面影響，肖豬者二〇二五年的財富走勢將非常不穩定。其中流年天干傷官生財，流年地支偏財沖身，這一年求財慾望強，比較急切，野心勃勃，實力強勁的肖豬者，如果歲運對自身格局有好的助力，本年有望提升財富層次；但若本年際遇不佳，自身能力與經驗又不足，則可能出現財來財去、虧損失利等情況。得遇「驛馬」，肖豬者今年賺錢的方向宜「動中求財」，雖勞累奔波，好在多勞多得。今年也適宜出差旅遊，或者去他鄉開拓發。

事業學業運：運勢星級：★★

二〇二五年，肖豬者事業走勢不太穩定。受沖犯歲君的影響，事業可能有變動跡象，又遇「欄杆」、「大耗」等凶星，今年事業運程受阻，工作上壓力較重，人際關係方面也會出現不少難題，建議肖豬的朋友踏實工作，可適當轉換工作環境，向外拓展，異地求發展。學業上，傷官泄秀，本年頭腦靈活、學習能力強，適合考試考證，但流年傷官生財、財來沖身，加上凶星影響，這也將會影響一部分人的考學走勢，出現心思雜亂，難以專注，貪圖享樂或因感情早戀等影響學習成果。

健康安全運：運勢星級：★

乙巳流年，肖豬者走傷官生偏財流年，因水火相激，財星來沖耗自身，又逢乙木傷官泄身，今年變動多，各方面的付出可能也會導致健康不穩。而因凶星「欄杆」與「披頭」的存在，今年會有小人針對、家庭矛盾、疾病纏身、安全意外等大大小小不吉之事困擾著肖豬者。好在吉星「月空」能化險為夷，可驅走一部分不吉之力，肖豬者這一年在日常生活、飲食及各種享受方面要有節制，懂得適可而止，以免影響健康。同時，你須注意防範焦慮、煩躁、抑鬱等情緒病影響身心。此外，你在工作求財的過程中，應避免過度消耗身心。

婚戀姻緣運：運勢星級：★★

行入歲破之年，情緒波動起伏大，容易急躁、喜怒無常，個人魅力會受到影響。又逢「驛馬」、「大耗」等凶星，聚少離多，錢財方面的損失也會導致伴侶關係緊張，口角爭執很難避免，婚戀姻緣走勢也會因此動蕩難安。今年巳火偏財沖身，乙木傷官泄身生財，對於肖豬男性而言，今年追求愛情的慾望增強，但桃花多為霧水姻緣，既不穩定，也難有結果，單身男性如若得遇良緣，需多花心思維護；已有伴侶男性則需把握分寸，避免慾望失控，埋下隱患。對於已婚女性而言，本年傷官生財，有助於已婚者孕育下一代，但婚姻生活會伴隨一些口角不和；對於未婚女性來說，今年不易尋到理想的婚戀對象，談了戀愛，情海也易生波。

各類人士行運指南

職場精英——肖豬的職場精英今年的事業受「大耗」、「欄杆」、「破碎」等數顆凶星的影響，事業工作上是非較多，壓力不小，有錢財損耗、小人針對等不吉之事發生，加之「沖太歲」，更是難熬。職場人士今年凡事須多忍耐，儘量避免與人正面衝突，勿逞一時意氣。今年你在工作中宜穩中求進，積極協調好人際關係，為新項目的順利推進鋪平道路。如果今年你能遇到調崗、跳槽的機會，可以好好把握，主動應變。

經商人士——經商的肖豬者今年壓力倍增，由於正處於「沖太歲」的年份，偏財被沖，傷官泄身可生財，意味著今年的財富走勢將有明顯的起伏變化，要提防財富大起大落的局面，謹記今年可能要面對突然破財的危機。「大耗」、「欄杆」、「三碧」等凶星不僅會對肖豬者今年的事業產生不利影響，還容易碰到小人、官非以及投資失利等麻煩。從商者務必要注意現金儲備，以防周轉不靈造成連鎖反應。

單身男女——肖豬的單身朋友今年桃花一般，由於「沖太歲」的影響，又沒有桃花吉星拱照，在感情上容易受到沖散，有分離之象。再加上肖豬者今年被事業工作佔據了大多數精力，很難有緣邂逅心儀異性。好在今年有「驛馬」入命，不妨借助出差、旅行、向外發展的機會，多主動追求。

已婚人士——因沖犯太歲，又有「欄杆」等凶星的牽動，已婚的肖豬者今年心情較為煩悶，健康容易出問題，負面情緒增加，對伴侶有熱情冷卻甚或關係驟變的意象。夫妻之間很容易有吵架爭執，甚至鬧到勞燕分飛的程度，切勿因一時的衝動而魯莽下決定，讓自己後悔莫及。建議已有伴侶的肖豬者多關心陪伴自己的愛人，不要因為事業或交際而冷落了對方。

莘莘學子——得益於年干乙木傷官泄秀，二〇二五年肖豬的學子們頭腦變得靈活，學東西更快，部分學子參加各類考試均會有不錯的成績。而不利的方面是，肖豬者流年「沖太歲」，傷官生財、財來沖身，加遇「大耗」、「欄杆」等凶星，很多肖豬的學子學習壓力會加重，個人情緒不穩定，會出現厭學的情況，建議在休閒時間多參加課外活動，減緩學業壓力。

不同年份人士運勢

二〇〇七年・丁亥年出生——「過山之豬」

二〇〇七年的生肖豬，納音五行為「屋上土」，乙巳流年納音「佛燈火」為其印星，因與流年地支相沖，故在本年中雖有助力幫扶，卻也感到莫名阻力。今年易有桃花閃現，但不要抱有太大期望，萬事以平常心對待就好。虛歲 19 的男士，今年遇「羅睺」值臨，須小心招惹不必要的是非及小人，同時留意肝臟及眼部的保健；虛歲 19 的女士，今年遇「計都」值臨，要預防因生活瑣事而與他人爭吵。

一九九五年・乙亥年出生——「過往之豬」

一九九五年的生肖豬，納音五行為「山頭火」，乙巳流年納音「佛燈火」為其比劫，走比劫流年又沖犯太歲，容易出現破財、失戀之事，事業不穩，要注意辨別身邊的小人，以免勞而無功。虛歲31的男士，今年遇「金曜」值臨，正在事業打拼中的男性朋友，今年要在職場中選擇忍耐；虛歲31的女士，今年遇「太陰」值臨，預產期在今年範圍內的女性朋友，一定要注意保胎安胎事宜，更要做好剖腹產的心理準備。

一九八三年・癸亥年出生——「林下之豬」

一九八三年的生肖豬，納音五行為「大海水」，乙巳流年納音「佛燈火」為其財星，今年犯太歲，沖破財星，男性容易跟另一半產生爭執不和，須謹慎處理感情問題，否認容易分手收場。錢財方面，今年不宜冒進投資，或輕信讒言，以免破財。虛歲43的男士，今年遇「計都」值臨，故應多加外出遠行走動，莫宅在家中，否則招惹不吉之事。虛歲43的女士，今年遇「太陽」值臨，此星曜不利女性，易有無妄之事。

一九七一年・辛亥年出生——「樹中之豬」

一九七一年的生肖豬，納音五行為「釵釧金」，乙巳流年納音「佛燈火」為其官星，今年容易招惹無妄官非之事，讓自己心情壓抑，同時也易因突然的意外事件而招來意外血光。建議今年處事要保持冷靜和理性，莫逞口舌之快。虛歲55的男士，今年遇「羅睺」值臨，主招惹是非及小人，同時也須注意肝臟、眼部的保健；虛歲55的女士，今年遇「計都」值臨，也多有口舌是非，家宅不寧之事。

一九五九年・己亥年出生—「道院之豬」

一九五九年的生肖豬，納音五行為「平地木」，乙巳流年納音「佛燈火」為其食傷，今年許多事情須要親力親為，操心勞碌，錢財花銷比較大，付出和收穫不容易成正比。在工作和生活中，個人的想法和表現不容易得到周圍人的理解和支持，在做重大決定前，最好先徵詢身邊人的建議，以免決策失誤讓自己後悔。虛歲67的男士，今年遇「金曜」值臨，時常感覺諸事不順心，外出須提防小偷及意外事件；虛歲67的女士，今年遇「太陰」值臨，建議定期做身體檢查。

流月運勢

農曆一月・立春戊寅月（2月3日~3月4日）

運勢星級：★★

寅巳相害之月，此月作為新年的第一個月份，肖豬者的運勢並不算理想。建議肖豬者本月不要盲目埋頭工作，更重要的是對工作做好全局性規劃，定好方向再發力。婚姻感情方面，肖豬者容易與伴侶起爭執，伴侶之間須多一些包容和溝通。健康方面，本月你須防範意外疾病的發生，儘量保持健康作息，做好體檢。

農曆二月・驚蟄己卯月（3月5日～4月3日）

運勢星級：★★★★

本月肖豬者的運勢明顯上升。卯木生巳火，形成木火通明之象，充滿無限生機和活力，富有朝氣。在事業上，肖豬者本月的工作開展會順利很多，前面諸多阻礙一掃而空，就算有困難也能輕鬆解決。財富方面，肖豬者進財機會增加，也容易有意外收益。感情方面，已婚肖豬者較為和諧甜蜜，單身朋友有望邂逅高質量桃花，未婚朋友本月則適合更進一步，告白或攜手走進婚姻都是不錯的選擇。

農曆三月・清明庚辰月（4月4日～5月4日）

運勢星級：★★★

來到此月，肖豬者各方面均較為明朗，可趁機著手解決棘手難題，特別是人際及感情方面多下功夫，會有不錯的進展，以往困擾你比較久的事情，本月有望迎刃而解。但本月你的支出龐大，須要儘量克制消費慾望，投資要謹慎。健康方面你須防範意外血光以及心血管方面之疾病。

農曆四月・立夏辛巳月（5月5日~6月4日）

運勢星級：★★

巳年巳月，本月火氣旺盛，肖豬者遭遇巳害相沖之勢，運勢下滑，各方面不算順利，煩心事增加，壓力變大。事業方面，本月你宜守不宜攻，只須按部就班做好自己的事情，保持嚴謹細致，不要留下隱患。財富方面，本月你的財運無太多亮點，支出增加。感情方面，你的桃花不錯，切忌三心二意，搖擺不定。本月你的健康運勢相對和諧。

農曆五月・芒種壬午月（6月5日~7月6日）

運勢星級：★★★

肖豬者在此月有印星貴人合助，運勢上升。事業方面，本月你有貴人指點，就算有問題，也能順利解決。肖豬者宜低調做事，不宜高調炫耀，以免遭他人攻身，陷入麻煩。財富方面，本月你有機遇也有挑戰，抓住進財機會的同時，須要捂緊錢包。感情方面，你須用心經營，不然可能會出現競爭對手。

農曆六月・小暑癸未月（7月7日~8月6日）

運勢星級：★★★

本月肖豬者喜多愁少，運勢持續上升。在工作發展方面，本月你有印星貴人助力，行事順利，可能會有不錯的機會。肖豬者在財富方面同樣機會不少，但不夠穩定，須要把握好時機，多為辛苦之財，好在可以多勞多得。婚姻感情方面，肖豬者須儘量體貼伴侶，注意防範第三者插足。健康方面，本月你容易受傷，須養腎補腎，防負面情緒傷身。

農曆七月・立秋甲申月（8月7日～9月6日）

運勢星級：★★

本月申亥相害，肖豬者各方面運勢均受影響。事業方面，肖豬者壓力增加，煩心事多，勞碌奔波較為辛苦，要注意防範他人使壞。財運方面，本月你易有破財之勢，不利大額投資或擴大經營。感情方面，本月你與伴侶容易起爭執，多口舌是非，須友好溝通，相互寬容。健康方面，本月你須注意養護腸胃，預防消化道不適。

農曆八月・白露乙酉月（9月7日～10月7日）

運勢星級：★★★

本月肖豬者多風雲變換，須注意保持情緒平穩，樂觀應對。事業方面，你可按部就班，不宜急於表現，做好本份即可。財富方面，本月你有機會動中求財，雖有奔波之苦，好在勞有所獲。感情方面，本月你們的關係依然要經歷一些考驗，須多體諒對方；健康方面，你須防心臟疾病和心血管的問題，腎水也須要保健。

農曆九月・寒露丙戌月（10月8日～11月6日）

運勢星級：★★

本月肖豬者的運勢不算理想。事業方面，由於瑣事繁雜，你總覺頭昏腦漲，但愈是這種時候愈要保持條理，做好規劃，不可忙中生亂。財富方面，本月肖豬者容易因他人失財耗財，不宜與他人衝突，或輕易借貸。感情方面，本月肖豬者瑣事纏身，難免不耐煩，已有伴侶者要注意不把伴侶當做情緒垃圾桶，單身人士若遇不錯的緣分，保持真誠。健康方面，水火相激，肖豬者須要注意腎水方面的問題。

農曆十月・立冬丁亥月（11月7日～12月6日）

運勢星級：★★★

肖豬者本月運勢上升，各方面不順都會消退很多，行事順利。工作方面，若能踏實奮進，你可能會得到貴人賞識與提點，升職加薪有望。肖豬者的財富運勢較為理想，進財機會增加。感情方面，本月你的桃花機緣較為平順，想要脫單的肖豬者不妨主動破圈社交，積極表現自己的優勢。

農曆十一月．大雪戊子月（12月7日～26年1月4日）

運勢星級：★★★

本月亥子半合，肖豬者容易有好事發生，但也容易由好轉壞，保持樂觀積極的心態尤為重要。事業方面，你宜穩紮穩打，勤懇做事，保持執行力。財富方面，本月肖豬者的生意不宜擴大經營，亦不宜增加各方面投資。感情方面，你們的關係容易搖擺不定，或有他人競爭。健康方面，本月肖豬者儘量不要做危害自身健康的事情。

農曆十二月．己丑月（26年1月5日～2月2日）

運勢星級：★★★

本月肖豬者總體運勢一般。事業方面，人際關係是你須關注的重點，因競爭加劇，事業中容易有小人使壞，注意帶眼識人，適當做好防範。財富方面，本月你的收入不錯，有進有出，但易遭他人競爭搶奪，有被劫財失財之象。感情方面，未婚的肖豬朋友本月桃花暢旺，不妨密切關注身邊有無脫單機會。

《年運詩籤》

食神透出福路通，
生旺正財祿愈豐；
暴敗天厄生禍患，
幸得印星護昌隆。

整體運程

開運顏色：白色

開運數字：4、9

肖鼠者進入二〇二五乙巳年，歲君巳火為其正財星，代表本年存在一定的求財機遇，在錢財收支、資產利益、主業發展及感情等方面易有明顯變化；流年之天干乙木為其食神星，意味著肖鼠者自身的才華學識有顯露發揮的機會。肖鼠者今年須憑藉自身的才智或技能去付出，勤懇耕耘，方有所獲。

流年吉凶星曜

吉星：紫微、龍德、玉堂

肖鼠者今年遇到「紫微」和「龍德」這兩顆貴人星，意味著在生活、學習或工作中容易獲得貴人相助，努力有成，有機會在某些領域成為耀眼的存在，獲得榮譽及認可。「玉堂」吉星入命，可照亮其流年前途，有利於肖鼠者求學求官、求名求利、再攀高峯，在其奮發前進的道路上亦不乏貴人助緣。

凶星：七赤、六害、天厄、暴敗

「七赤」飛星飛入正北宮位，意味著肖鼠者要注意提防口舌是非、身體病傷、破敗損耗、財物盜失等事。「六害」為病害之星，流年遇之，一防親友無義、恩中生怨、反面無情；二防病入家中，身心欠安。是故肖鼠者今年要注意維持正常作息，增強體質和免疫力。「天厄」和「暴敗」二星的出現，則提示肖鼠者本年要增強自身的安全意識，避免涉險，提防一些突發性的意外事件。

流年四大運勢

正財偏財運：運勢星級：★★★★

財富方面，今年正財星巳火被食神星乙木生旺，子巳暗合，巳中戊土正官與子中癸水相

合，又見「紫微」及「龍德」等貴星來助，代表肖鼠者今年所賺得的財富大多來源於主業。肖鼠者本年依靠自身的才識技能，穩定經營事業，亦有望帶來可觀的收入，衣食豐足；而今年其偏財門路的拓展機會比較有限，故求財不宜好高騖遠或盲求捷徑。因「七赤」、「暴敗」和「天厄」的凶星出現，肖鼠者本年要提防一些意外損財事件的發生。

事業學業運：運勢星級：★★★★

事業方面，歲星巳火為其正財，又得年干乙木食神來生財，財旺生官，正官戊土藏支不弱，加上「紫微」、「龍德」和「玉堂」等吉星拱助，肖鼠者今年的事業發展呈上升趨勢，個人的悟性、學習能力及創新能力亦有所增強，多能在工作中一展所長，周圍的貴人助力也不少。要注意的是，受食神及「七赤」、「六害」和「暴敗」等星曜的影響，肖鼠者本年在發展事業的過程中，須留意不要過於理想化，同時要避免恩中招怨，吃力不討好。

健康安全運：運勢星級：★★

對於本身喜用食傷、財星的肖鼠者而言，今年食神泄秀利於情志舒暢、身心愉悅、思維正向、心態積極；而對於八字原局忌逢食傷、財星的肖鼠者來說，子水受木火泄耗則容易變得多愁善感、體質下降。加上「七赤」、「天厄」和「六害」星臨入本宮，後一部分的肖鼠者今年要定期體檢，保持好規律的生活作息，日常出行或運動健身注意安全。

婚戀姻緣運：運勢星級：★★★★

由於本年正財星當旺、正官星暗藏，肖鼠的未婚男女今年皆有不錯的戀愛機會，戀愛中的人也將迎來結婚成家的有利時機，尤其是肖鼠男性今年容易邂逅良緣佳人，至於已婚男女今年的婚姻狀況相對穩定。要注意的是，由於「七赤」和「六害」的干擾，今年肖鼠者與婚戀對象容易因為錢財之事起口舌爭執。因此，一旦涉及利益問題，你們要盡可能平等協商、和平處理。

各類人士行運指南

職場精英——乙巳年為肖鼠者之正財流年，求財機遇多，又遇「紫微」、「龍德」等吉星的加持，預示著職場人士今年正財運平穩有力，只要按部就班地踏實工作，在貴人指點下，升職加薪地位提升有望。但因「七赤」等凶星入本宮，肖鼠者也容易遭遇大起大落，可能會有難以預測的變故出現。因此，今年職場人士在事業上適合穩紮穩打，循序漸進。

經商人士——肖鼠者今年得歲君相助，正財平穩，經商人士需要步步為營，循序漸進，方可將財富牢牢抓穩。又逢「紫微」、「龍德」、「玉堂」等吉星照拂，人脈暢達，事業機會多，易得貴人指點，最終成就事業。因此，肖鼠者今年應把握大好時機，提升人脈質量，維護好

與貴人的關係，為事業發展做好鋪墊。

單身男女——乙巳年肖鼠者迎來桃花暢旺的年份。尤其是肖鼠男性，今年感情姻緣狀態大好。未婚肖鼠男性今年有望愛情事業雙豐收，若能把握良機，則很可能有姻緣之喜。因正官星暗藏，肖鼠單身女性今年亦有望得遇良人。總之，單身肖鼠男女今年適合多參加社交活動，多展現自己優秀的一面，增加邂逅良人之機率，覓得心儀伴侶。

已婚人士——已婚肖鼠者士今年事業財運暢旺，瑣事繁雜，對家庭婚姻難免有所疏忽。再加上本年肖鼠者桃花暢旺，面臨的誘惑也會變多，所以這一年對已婚人士而言亦是頗有挑戰的一年。今年逢「天厄」和「暴敗」等凶星入命，須預防小人是非、風波麻煩、破財橫禍等事，建議已婚夫妻遇事加強溝通，勿因小事爭吵不休，破壞家庭和諧。

莘莘學子——因本年的流年天干為其食神星，肖鼠的學子本年頭腦思維靈活，反應敏捷，學東西得以舉一反三、觸類旁通；加上有「玉堂」這顆利求學的吉星照拂，學子們今年能充分發揮聰明才智，並在考試方面取得實質性的進步和收獲。但由於食神生財、財星當旺而印星偏弱，一部分人可能容易耽於玩樂享受，或是課外興趣較多以致無法專注於學業。因此你需明確學習目標，減少不必要的干擾，避免時間和精力被無關緊要的事物所消耗。

不同年份人士運勢

二〇〇八年・戊子年出生—「倉內之鼠」

二〇〇八年的肖鼠者，納音為「霹靂火」，乙巳流年納音「佛燈火」為其比劫，今年做事雖有來自平輩親友的助力，但也須防範遇人不淑、受小人針對之事，切勿為他人作保。虛歲18的男士，今年遇「木曜」值臨，備考人士須留意用眼過度，視力下降；虛歲18的女士，今年與「水曜」值臨，今年容易出現口舌是非，凡事宜心平氣和。

一九九六年・丙子年出生—「田間之鼠」

一九九六年的肖鼠者，納音為「澗下水」，乙巳流年納音「佛燈火」為其財星，今年需通過自身努力，方能辛苦得財，工作中只有踏實肯幹，領導也會給予重用的機會。感情方面，本年你們桃花緣分活躍，單身人士很容易邂逅意中人，有伴侶的則要提防爛桃花。虛歲30的男士，今年遇「水曜」值臨，適合出差、遠行、旅遊等，財運高企；虛歲30的女士，今年遇「木曜」值臨，容易有小病小痛及意外血光出現，應注意健康及安全狀況。

一九八四年・甲子年出生—「屋上之鼠」

一九八四年的肖鼠者，納音為「海中金」，乙巳流年納音「佛燈火」為其官星，今年會

遭遇各種挑戰及競爭，也會有事業的拓展及地位的提升機會。做生意的人須小心處理稅務工商方面的問題，以免麻煩纏身。虛歲 42 的男士，今年遇「火曜」值臨，一切行動應以保守穩健為上，健康方面留意上火長瘡等問題；虛歲 42 的女士，今年遇「羅睺」值臨，容易出現口舌是非，出現口部、眼部、婦科等方面的炎症。

一九七二年・壬子年出生——「山上之鼠」

一九七二年的肖鼠者，納音為「桑柘木」，乙巳流年納音「佛燈火」為其食傷，一方面，今年你們須格外注意自身的身體健康，注意交通出行的安全；另一方面，今年你們若要處理財務事宜，可多聽取家人和專業人士的建議，以免上當被騙。虛歲 54 的男士，今年遇「木曜」值臨，應留意眼部疾病；虛歲 54 的女士，今年遇「水曜」值臨，應注意口舌爭鬥的出現，同時避免坐船、游泳等涉水活動。

一九六〇年・庚子年出生——「梁上之鼠」

一九六〇年的肖鼠者，納音為「壁上土」，乙巳流年納音「佛燈火」為其印星，今年將容易受到來自家庭的壓力，讓你感到心情煩悶不已，但只要積極面對，這種壓力也將成為護佑家庭的動力。虛歲 66 的男士，今年遇「水曜」值臨，家中易有添丁好事，同時適合外出旅行；虛歲 66 的女士，今年遇「木曜」值臨，家中大多平安和睦，唯須留心自己身體出現一些小病小痛，建議提早做好身體檢查。

流月運勢

農曆一月・立春戊寅月（2月3日~3月4日）

運勢星級：★★★

子鼠五行為水，而寅月五行為木，水木相生，本月肖鼠者野心勃勃，無論是在工作、事業、情感還是投資上，都想要有一番作為，因而想法頗多。但想法雖多，肖鼠者真正要實現計劃卻有一定的難度。因此本月你們在做決策時須三思而後行。財富方面，本月肖鼠者宜守不宜動，難有真正的獲益。情感方面，單身者桃花資訊明顯，若有良緣可主動出擊。健康方面，本月你們要注意飲食起居，避免暴飲暴食，預防消化道疾病。

農曆二月・驚蟄己卯月（3月5日~4月3日）

運勢星級：★★★

卯月同為木旺之月，本月肖鼠者依然容易因為一些想法而糾結，想要改變、想要有所作為，這份野心與幹勁讓你躍躍欲試。除了執行力要跟上之外，你們可多參考朋友、長輩或者上司等貴人的意見。財富方面，本月肖鼠者運勢平平，不宜做大的投資。情感方面，單身的朋友可能會有新的緣分出現，注意好好把握，注重細節與表達方式。健康方面，你們在外出時須注意安全，預防外傷。

農曆三月・清明庚辰月（4月4日~5月4日）

運勢星級：★★★

本月子辰半合，但合中帶剋，故本周肖鼠者運勢的起伏波動難免，有功虧一簣的風險。在工作上，你們可能會收到來自同事或上司的責難，務必小心謹慎應付，儘量不得罪上司，以免埋下禍患。財富方面，本月你們可能會有意料之外的收益，但機會轉瞬即逝，須及時把握方能落袋為安。在情感方面，已有伴侶者要注意溝通方式，本月容易與家中老人起衝突，須注意維護家庭穩定。

農曆四月・立夏辛巳月（5月5日~6月4日）

運勢星級：★★

本月你們在事業上容易遭遇阻礙，想要推進的計劃總是枝節橫生，一波三折，難以如願。經商人士本月若與他人簽訂合約，一定要謹慎，嚴審條款，防人之心不可無。財富方面，本月財來財走，難留住財。感情方面，已有伴侶的人士容易發生吵鬧，須儘量多包容自己的另一半。健康方面，本月肖鼠者容易動怒，與人爭執，儘量保持平和心境。

農曆五月・芒種壬午月（6月5日～7月6日）

運勢星級：★★★

肖鼠者在壬午月，因數午相沖，本月運勢屬於平淡中帶波折。本月你們宜靜不宜動，不妨低調做事，遠離是非。本月可能會有小人暗地作祟，是故你們日常工作務必謹慎細致，不留隱患給他人發揮，同時注意維護好客戶關係，以防出現客戶流失。財富方面，本月你們得財辛苦，財來財走，是故本月你們須保守行事，不宜投資偏門行業和項目。

農曆六月・小暑癸未月（7月7日～8月6日）

運勢星級：★★

子未相害之月，肖鼠者的運勢迂迴曲折，在事業上可能會出現不少阻礙，但不必過於擔心，本月貴人得力，若遇問題，可積極向貴人求助，可順利解決。本月你們因遠離是非，儘量避免與他人發生爭執或衝突，提防小人背後使壞。財富方面，本月你們雖有不錯的進賬，但同時劫財之象明顯，錢財易遭到破耗，是故本月你們不宜借貸，不宜投資。

農曆七月・立秋甲申月（8月7日～9月6日）

運勢星級：★★★★

本月申子半合，肖鼠者本月易有吉慶之事。困擾你許久的事情到了本月有望得到圓滿解

決。工作上小小麻煩在所難免，但整體上依然會讓你順暢愉快。本月你們的財富運勢不錯，尤其偏財方面可好好把握。愛情方面，單身人士宜主動出擊，多參加社交活動，或許會給你帶來意外的驚喜。健康方面，本月你們宜保持平和心態，儘量讓自己身心通暢。

農曆八月・白露乙酉月（9月7日～10月7日）

運勢星級：★★

本月肖鼠者運勢起伏較大，行事須謹慎。經商之人要謹防上當受騙，莫相信有「大隻蛤乸隨街跳」之類的好事，投機容易撞板，腳踏實地求財為好。工作上你們須注意人際關係的維護，儘量低調和氣待人，但同時要注意防範身邊一起共事的人，以免好事成空。單身的肖鼠者在本月不宜急躁，結交新朋友不妨要多深入瞭解，注意慧眼識人。

農曆九月・寒露丙戌月（10月8日～11月6日）

運勢星級：★★

戌月為土旺之月，土來剋水，經常出差的肖鼠者，本月外出時務必多注意人身安全。求學的肖鼠者在本月效率不高，容易疲乏倦怠。感情方面，已有伴侶人士要注意防範爛桃花，對主動接近自己，噓寒問暖的人應多一份戒備，對身邊的伴侶則不妨多些體貼與關懷，守護好眼前人。健康方面，因水受剋，本月你們須注意腎臟、膀胱的保健。

農曆十月・立冬丁亥月（11月7日～12月6日）

運勢星級：★★

肖鼠者來到亥月，為水旺之象，在處理事情時，切記不要太過浮躁急切，謹慎細致為好。財富方面，本月是你們納財聚財的好時機，不妨積極一點，多主動尋找機會。感情方面，本月你們要注意言行舉止得體，以免被他人誤會。身體健康方面，因水旺剋火，你們需要多注意眼睛、心臟方面的疾患，同時可多加強這方面的養生保健。本月你們可特意多穿紅色衣物，佩戴紅色飾品來提升走勢。

農曆十一月・大雪戊子月（12月7日～26年1月4日）

運勢星級：★★★★

本月肖鼠者的運勢不錯，利於求職、求學、拓展事業。工作方面，本月打工人若是前期有所准備積累，那麼在本月有望獲得提拔，薪資待遇有所提升。經商人士本月則要注意溝通方式與表達技巧，不要造成溝通誤會，引發利益損失，同時在利益分配上要儘量公平，以免招來不必要的爭鬥。本月你們的財運尚可，正財穩當，偏財亦有機會。

農曆十二月・己丑月（26年1月5日～2月2日）

運勢星級：★★★★

本月子丑相合，肖鼠者易有好事發生。你們在工作上容易得到上司的賞識和點撥，生活上亦能得到長輩貴人的關心和幫助。本周你們的重心可放在與領導、貴人的關係維護上，若時機合適，本月可大有斬獲。財富方面，肖鼠者在正偏財上都有機會，不妨多活動，多獲取有用資訊。感情上，已有伴侶者關係融洽，單身肖鼠者則有機會邂逅讓你心動的良緣，不妨敞開心扉，大膽去愛。

《年運詩籤》

是是非非一年間，
缺少吉星來相扶；
太歲如母多護守，
起伏之間得清福。

整體運程

開運顏色：白色
開運數字：4、9

進入二〇二五乙巳年，太歲巳中本氣丙火為肖牛者之正印星，流年天干乙木為其偏官星，流年雖凶星橫生，多有變化和曲折，同時又有偏官星壓力罩頂，但因太歲為其正印星，有生身之力，又有巳丑暗拱三合局的投合太歲之象，故仍有穩定之時，提升之勢。

流年吉凶星曜

吉星：華蓋

今年「華蓋」入命，意味著肖牛者易有精神上的追求和享受或是思想層次上的提升，容易接觸或學習某些領域的學問知識，也喜歡獨處靜思，對感情慾望或人情往來之事不大熱衷。相對而言，肖牛者這一年更適合於修身養性以及鑽研學問。

凶星：五黃、白虎、大煞、黃幡、飛廉、天哭

肖牛者今年受「五黃」、「白虎」與「大煞」的干擾，須提防意外不測、是非橫事、病傷之象，同時增強風險防範意識。「黃幡」星容易影響身體健康，要多注意養生保健，保持合理的作息規律，避免因意外血光或疾病纏身。「飛廉」的出現，一是注意避免意外傷病，二是留意寵物健康問題或是提防因寵物、動物而受傷煩擾。本年逢「天哭」易有是非滋擾、令人難過哭泣、傷懷噓唏之事。

流年四大運勢

正財偏財運：運勢星級：★

流年太歲巳火為肖牛者的正印星，印旺難有大財，肖牛者本年的目光應更集中在自身能力或者技能的提升上，有利於未來財富的累積。因肖牛者今年缺乏利財吉星助身，財富機遇

難以把握住，如有投資理財或合夥經營方面的想法，多觀望多考察，不要貿然投入或者擴大。而對於經商的朋友來說，在保持原有收入的前提下，可以去尋求更多管道。另有「白虎」入宮，肖牛者今年求財勿遊走邊緣觸摸紅線，同時要注意預防意外耗損。

事業學業運：運勢星級：★★★★

流年地支巳火為肖牛者的正印星，大利事業。學業與事業興旺，是積極努力，可事半功倍的年份。這一年事業野心強勁，動力十足，才華可得到施展，行事主動積極，漸漸嶄露頭角。事業發展的同時也意味著壓力的增加，此時不能忽視人際關係和細節問題。偏官弱，正印旺，肖牛者在工作中難以握分寸，容易給人感覺固執偏激。另外本年「黃幡」、「白虎」、「大煞」等多顆凶星入宮，要注意職場人際關係的維護，同時正確處理與上級的關係，避免頂撞上司，捲入口舌是非，受到打壓。學業運大好，容易學有所成。

健康安全運：運勢星級：★★

二〇二五年肖牛者遇到凶星著實不少，如「五黃」、「白虎」、「大煞」、「飛廉」等，身體比較容易受到意外傷害，儘量避免危險系數較高的活動。官印相生的流年，壓力較大，也會給健康帶來不利衝擊，影響身體的抵抗力，帶來意外傷耗及情緒變動，建議今年儘量抽出時間多健身運動，減少不必要的應酬，儘量戒掉不良的生活習慣，提高免疫力以應對傷病的出現。

婚戀姻緣運：運勢星級：★★★

流年天干為偏官，太歲為正印，單身肖牛者可能會有長輩貴人熱情牽線，注意把握機會。單身肖牛者男性全年異性緣桃花緣較為一般，難有合心意的情緣出現；單身女性易有情緣出現，適於發展一段新的感情，但難有實質性進展。已婚男性不妨多參與家庭活動與互動，多溝通與體貼，同時要警惕別有用心之人的從中破壞；已婚女性則要與異性保持適當的社交距離，以免引起不必要的誤會影響到家庭生活的穩定。

各類人士行運指南

職場精英——流年太歲為肖牛者的印星，今年肖牛者的職場精英運勢不俗。職場發展較為順遂，自身才華有不錯的施展空間，個人能力也能受到領導的嘉許和同事的稱讚，晉升空間大。肖牛者的朋友在今年只要能踏實做事，勤懇付出，會有不錯的回報。但須切記，印星流年往往野心勃勃，過大的野心不利於今年發展，與上司同仁關係融洽會帶動事業更上一層樓，肖牛者今年務必記得用心經營好人脈。

經商人士——肖牛者的經商人士今年正偏財運一般，須踏踏實實，不可投機取巧。好在得太歲印星生身，又有巳丑暗拱三合局的投合太歲之象，肖牛者的經商人士今年能夠得貴人的熱心扶助，有望得到不錯的多管道求財的機會。但美中不足的是「五黃」、「白虎」等凶星作祟，免不了禍從天降，一波三折。肖牛者今年一方面要妥善處理好人際關係，以免被小人糾纏，功敗垂成；另一方面要堅持合法經營，勿投機取巧，讓人有機可乘。

單身男女——雖然二〇二五年並非肖牛者的桃花年，但流年有印星出頭生扶，今年肖牛者的單身男女很容易通過親友、長輩、同事等關係結識良緣。因此，想要脫單的肖牛者單身人士，今年不妨放下矜持，主動請求長輩貴人牽線。但因缺乏桃花吉星拱照，又有「五黃」等不利凶星作祟，肖牛者很容易因事務繁雜或變故橫生而無暇戀愛。重重壓力下，肖牛者也很容易悲觀沮喪，不利感情發展。

已婚人士——官印相生的年份，肖牛者的已婚人士壓力大，今年容易因自身勞碌奔波或是家中瑣事纏身的緣故，發生矛盾和爭執。今年有「五黃」、「天哭」作祟，容易有傷病或哭泣之事，不利家庭和諧。愈是這種時候，愈要多和另一半聯系緊密，相互扶助，做到夫妻一心，共渡難關。

莘莘學子——今年肖牛者的學子們學業運勢旺盛。今年肖牛者遇印星流年，是學習、考試大旺的一年。「華蓋」飛臨，學子們思想追求高，享受學習提升和深入學習的過程，學習心態好，能和同學師長處理好關係。如果恰逢今年大考，只要能認真努力備戰，順利考上的機率很高。今年也有機會得到良師的指點和教導，若能虛心接受教導，則很可能受益匪淺，學業有望更上一層樓。今年要注意的是，「黃幡」等多顆凶星容易影響學子的身體，要為學子做好健康保障。

不同年份人士運勢

二〇〇九年・己丑年出生—「欄內之牛」

二〇〇九年的肖牛者，納音為「霹靂火」，乙巳流年納音「佛燈火」為其比劫，今年朋友圈擴大，容易結識新朋友，但應見賢思齊，莫交損友，否則容易受人牽累壞事。虛歲 17 的男生，今年遇「太陰」值命，凡事大抵能夠隨心，同時也適合與師長討教；虛歲 17 的女生，今年遇「金曜」值命，須注意飲食衛生，預防腸胃方面的疾病。

一九九七年・丁丑年出生—「湖內之牛」

一九九七年的肖牛者，納音為「澗下水」，乙巳流年納音「佛燈火」為其財星，今年須通過自身努力，方能辛苦得財，工作中只有踏實肯幹，領導也會給予重用的機會。感情方面，桃花運勢很旺，單身人士很容易邂逅意中人，有伴侶的則要提防爛桃花。虛歲29的男士，今年遇「土曜」值命，須格外注意招惹口舌官非，凡事莫堅持一己之見，挑戰權威；虛歲29的女士，今年遇「火曜」值命，今年須小心流產、難產等問題，同時小心皮膚方面的疾病。

一九八五年・乙丑年出生——「海內之牛」

一九八五年的肖牛者，納音為「海中金」，乙巳流年納音「佛燈火」為其官星，今年會遭遇各種挑戰及競爭，也會有事業的拓展及地位的提升機會。做生意的人須小心處理稅務工商方面的問題，以免麻煩纏身；虛歲41的男士，今年遇「太陽」值命，總體運勢較好，適合旅遊、出差及遠行求財，家中將會有較多的喜慶之事；虛歲41的女士，今年遇「土曜」值命，「行年值土星，官事來相侵」，今年要小心招惹官非，提防小人作祟，減少遠行。

一九七三年・癸丑年出生——「圈內之牛」

一九七三年的肖牛者，納音為「桑柘木」，乙巳流年納音「佛燈火」為其食傷，創業經營的老闆今年逢食傷流年，掙錢的思路很活絡，賺錢的機會很多，很容易催旺財運，財源廣進。職場人士和公職人員今年反而要謹言慎行，待人謙遜，以免無意中得罪領導、客戶及周

圍同事而不自知，影響自己的事業前程。虛歲 53 的男士，今年遇「太陰」值命，行年諸事隨順，運勢穩定；虛歲 53 的女士，今年遇「金曜」值命，其與「白虎」凶星呼應，對女性而言較為忌諱，出入須注意安全，提防小偷。

一九六一年・辛丑年出生——「路途之牛」

一九六一年的肖牛者，納音為「壁上土」，乙巳流年納音「佛燈火」為其印星，今年將容易受到來自家庭的壓力，讓你感到心情煩悶不已，但只要積極面對，這種壓力也將成為護佑家庭的動力。此外，今年也適合考慮房產投資。虛歲 65 的男士，今年遇「土曜」值命，須小心家宅不寧，無妄官非纏身；虛歲 65 歲的女士，今年遇「火曜」值命，須小心各類炎症問題，特別注意婦科、皮膚方面的保健。

流月運勢

農曆一月・立春戊寅月（2月3日～3月4日）

運勢星級：★★

寅月為木旺之時，肖牛者本月要面對木土相剋之勢，運勢不算理想。工作方面，本月你的阻礙較多，無論是日常工作還是對外合作，都容易有小人使壞，從而導致事情進展不利。

因此本月你要注意維護好人際關係，低調行事，和氣待人，同時做事留好後手，做足防備。財運方面，你若能抓住機遇，則收獲滿滿。健康上，本月你要注意腸胃養護。

農曆二月・驚蟄己卯月（3月5日~4月3日）

運勢星級：★★★

本月總體運勢尚可，事業上你要注意保持踏實誠懇的行事風格，不宜有大的變動。有跳槽心思的人宜多確認比較再做決定。本月肖牛者要注意理財，不宜做大的投資，以免導致不必要的財耗。感情上，你們夫妻關係順暢，可多一些家庭互動活動，增進夫妻、親子關係。單身人士有機會結識新人。健康上，樂觀的心態是預防百病的良藥，你要及時紓解自己的不良情緒，保持身心通暢。

農曆三月・清明庚辰月（4月4日~5月4日）

運勢星級：★★

本月肖牛者運勢有所回落，在事業上，你做的計劃可能會遭到來自身邊同事的質疑和反對，注意要保持平和心態，認真聽取他人意見，儘量避免衝突。財富上，你要有自己的主見，不要輕易聽信他人的意見而投資或做經濟決策。情感上，伴侶間要儘量互相體諒互相支持。健康方面，你須多注意肝臟的保健，少熬夜，多吃有益肝臟的食物。

農曆四月・立夏辛巳月（5月5日～6月4日）

運勢星級：★★★

本月巳火來生丑土，帶有土火相生之象，肖牛者運勢起伏比較大。在事業上，你可能會遇到一些覺得難以處理的阻礙，但與此同時這也是一個機遇，只要處理得當，有可能會得到領導的嘉許和貴人的認可。財富呈上升趨勢，正財穩妥，偏財偏弱，你不宜做大的理財投資。感情上，你要多注意與另一半的情感溝通。健康上，你應注意勞逸結合，不宜過度熬夜。

農曆五月・芒種壬午月（6月5日～7月6日）

運勢星級：★★★★

本月肖牛者運勢上升，做事順暢起來。工作方面，你須注意調整自己的做事方式，不宜過於急切激進，欲速則不達，求快容易出錯。同時，你要調節好自己的心態，穩重求成。在財富方面，你的正財偏財兩方面都有機會。感情方面，單身的肖牛者的朋友們可能會遇到心儀的對象而開始新的戀情，夫妻或者情侶則要防範爛桃花的出現。

農曆六月・小暑癸未月（7月7日～8月6日）

運勢星級：★★★

經過了兩個月的運勢持續上升之後，本月肖牛者運勢有下降趨勢。事業上，你要經歷一些挑戰，尤其人際關係會有一些不和諧，所以本月與人合作要多做防備。同時，你須注意保持低調，否則可能會招來小人的嫉妒和陷害。本月你的正財、偏財運勢都有下滑跡象，儘量捂緊錢包，遠離是非。感情方面，伴侶間情感順暢，單身者的戀情進展也變順利。健康上，你要注意調整心態，儘量避免情緒大起大落。

農曆七月・立秋甲申月（8月7日～9月6日）

運勢星級：★★★★

本月為土金相生之月，肖牛者運勢回升，順風順水。在事業上，職場工作的肖牛者易有加薪升職之喜，做生意的朋友事業拓展順暢、生意興隆。財運也不錯，你的正財、偏財都處於良好狀態，本月可合謀大事。在情感上，已婚者的夫妻關係甜蜜恩愛，戀愛中的男女也容易進入熱戀期。健康方面，你只要注意保持飲食起居的規律性即可，不用太過注意和講究。

農曆八月・白露乙酉月（9月7日～10月7日）

運勢星級：★★★

本月肖牛者運勢小幅下滑。在工作領域，上班族雖能順利完成手頭事情，但須注意加強團隊協作，用心維護同事關係，確保溝通順暢，以防止不必要的誤會和衝突。創業者則須小心謹慎，以防被嫉妒者暗中破壞。財運方面，你的常規收入穩定，但須警惕投機行為帶來的

損失。情感方面，細小的摩擦可能導致你們感情波動，建議控制情緒，增進相互理解。健康上，你要特別留心口腔和喉嚨的保護，適宜食用滋潤咽喉的食物。

農曆九月・寒露丙戌月（10月8日~11月6日）

運勢星級：★★

丑戌相刑之月，肖牛者本月的運勢仍然未見起色。在職場上，由於計劃或策略的缺乏，你可能會不得不重複勞動，從而耗費了額外的時間和精力。對於創業的人來說，你須仔細審視自己的商業路線，過於雄心勃勃可能會招致不利後果。在感情方面，你須謹慎處理與家人長輩的關係，多包容家人；已有伴侶人士對於突如其來的桃花也須警惕，以防有第三者介入。

農曆十月・立冬丁亥月（11月7日~12月6日）

運勢星級：★★★★

本月肖牛者運勢逐步向好，呈現穩步上升的趨勢。在工作方面，經過必要的調整後，你的事業開始朝著積極的方向發展，仔細規劃和周密安排將有助於工作的順利執行，反之，急躁冒進可能導致事業發展一波三折。在財運方面，本月建議你能理智投資，規避不必要的開支。感情生活方面，本月你有開花結果之喜，已婚夫妻可能迎來添丁之喜；而情侶可能會有求婚的事情發生。

農曆十一月・大雪戊子月（12月7日～26年1月4日）

運勢星級：★★★★

本月肖牛者運勢相對順暢，整體表現較好。在職場上，你若能保持積極主動的姿態則會帶來豐厚的成果。對於經商人士來說，本月財源滾滾，進財機會多；上班族偏財方面也易有驚喜。感情方面，伴侶情感交流溫馨甜蜜，可適時營造一些浪漫氛圍，能有效加深彼此的感情。健康狀況較為理想，本月你精力充沛，心態樂觀，整體趨勢向好發展。

農曆十二月・己丑月（26年1月5日～2月2日）

運勢星級：★★

本月肖牛者運勢不理想，諸事保守為上。在事業上，本月你可能遭遇業績停滯或下滑的情況，所以要注意及時調整你的工作方向和策略。在財務方面，你要謹慎投資和控制開支，以避免不必要的財務損失。在感情生活中，你們之間可能會出現不穩定的跡象，感情容易搖擺不定，已有伴侶人士須三思後行。因丑牛在丑月，較土旺之月，本人或者家屬會遭遇病痛的折磨，所以要特別注意維系健康，保持生活和起居的規律性。

虎

《年運詩籤》

刑害歲君多紛爭，
凶星疊現運如崩；
幸有吉星羣助力，
隨緣守成得吉亨。

整體運程

吉祥顏色：黃色
吉祥數字：5、0

進入二〇二五乙巳年，歲星巳中本氣丙火為肖虎者之食神星，流年天干乙木為其劫財星，呈現天劫地泄之象，全年元氣稍顯不足。同時流年雖不乏吉星助力，但諸多凶星暗藏是非與意外，故整年肖虎的朋友雖要付出較多的精力與時間以應付不時出現的狀況，難免身心疲憊。

流年吉凶星曜

吉星：福星、福德、天德

「福星」、「福德」與「天德」三星皆為福曜，代表福氣、福祿、善緣福報等，肖虎者本年受多顆福星照拂，可能會遇到意想不到的好事，在關鍵時刻也易得貴人相助，宜廣結人緣、佈施行善，多積福德。

凶星：五黃、劫煞、捲舌、披麻

肖虎者今年遇「五黃」大煞星需提防出現一些猝不及防的意外血光或是非橫事，要增強風險防範意識，在自駕、出行、旅遊、日常生活及生產經營時多注意安全。本年肖虎者遇「劫煞」須注意資金財物方面的安全，避免錢財外借、替人做擔保、受人蒙蔽，合作求財也要謹慎考量。「捲舌」的出現，提醒肖虎者今年要注意言行表達，避免招惹口舌是非。逢遇「披麻」需照顧或多關心身邊親眷的身心健康。

流年四大運勢

正財偏財運：運勢星級：★★

肖虎者全年有劫財食神，宜穩求正財，踏實勤懇行事，可多勞多得。流年又有吉星「福星」、「福德」、「天德」飛臨，皆利人緣，加上有生財之源，如有投資理財或合夥經營方

面的想法，不妨積極嘗試。不過由於凶星「劫煞」的出現，儘量避免錢財外借或做擔保，與人合作也要多留心眼，以防被劫財。而對於經商的朋友來說，全年行食神運，財星有源，不宜墨守成規，可積極尋求全新的牟利手段與盈利方法。同時，你要謹防天干劫財帶來的負面影響，在涉及到擔保、借貸、合作等方面時，要考察到位，帶眼識人。

事業學業運：運勢星級：★★★

流年天干為肖虎者的劫財星，歲支為肖虎者的食神星，好的一面是工作中發揮個人能力和展示個人技能的機會相對較多，而吉星「福星」和「福德」也能助力其人緣，讓肖虎者遇事也能得到一定的助力。但不好的一面則是天干乙為其劫財星，存在著競爭和掠奪的姿態，故職場人際關係複雜難辨。流年凶星「捲舌」的加入，又帶有口舌是非，肖虎者需要謙虛做人，低調行事。肖虎者與歲君巳火存在刑害的關係，工作中易出現糾紛，加上今年個人主張和個性鮮明，亦可能發生頂撞上司或者與上司意見不合等現象。

健康安全運：運勢星級：★

肖虎者走劫財食神流年，自身元氣稍的不足。今年又有「五黃」及「披麻」凶星入宮，肖虎者除了需要多些關注給予到家庭成員的照料和身心健康的照顧上，還要警惕生活中猝不及防出現的意外血光或者是非橫事，不論是居家還是外出工作均要防患未然。如果自己或家人本身有慢性疾病或者未愈之疾，一定要遵醫囑做好康複治療或維護，不要掉以輕心，防止病情進一步發展與加重。

婚戀姻緣運：運勢星級：★★★

食神劫財流年，單身男性易受到身邊朋友的影響，開始渴求一段新感情，加上財星有源，異性緣轉好，易受到異性的青睞；女性朋友則對於生活品質有較高的要求，故在感情中易存在挑剔之象，對於新感情要求高，有時寧缺毋濫。對於已婚人士來說，男性肖虎者對待另一半溫柔體貼和包容度提升，但因逢天干乙木劫財，要投入更多的時間在家庭之中，避免被他人趁虛而入，同時也要警惕別有用心之人的從中挑撥離間與破壞；女性朋友要多包容體貼和理解另一半，出現矛盾要及時解決，不要讓彼此留下心結。

各類人士行運指南

職場精英——今年肖虎的職場精英遇流年天干為劫財，歲君為食神，個人的想法創意變得活躍，敢於表達和展現自身的才華，又有「福星」入命，人脈方面也可能會有不錯的助力。「福德」與「天德」也會為肖虎者帶來事業喜訊。但因肖虎者今年刑害太歲，機遇與挑戰並行，易被小人拖累，不利事業的騰飛，特別是處在晉升及事業發展關鍵期的人士更需處處小

心，避免鋒芒太露，尤其是在同事夥伴之間相處時注意保持低調謹慎。

經商人士——全年行食神運，財星有源，肖虎的經商人士今年財源廣進，但遭遇刑害歲君，經商的肖虎者在本年壓力倍增，今年求財路上少不了有一些障礙。今年有時會突然天降「良機」，看似大有可為的投資機會出現在你眼前，但通常名不符實，應避免過多投入，以免「竹籃打水一場空」。今年也會有小人作祟，肖虎者今年凡事不可輕信他人，大的項目生意要提防他人從中作梗。此外，經商人士今年要防止意氣用事，行事莽撞衝動，以免誤事。

單身男女——乙巳年對於肖虎單身男女來說是桃花渺茫的一年，全年壓力大，瑣事多，稍有不慎會是非纏身。因「五黃」、「披麻」等凶星臨命，更是會讓單身男女內心苦悶，情緒壓抑，均不利於人際交往和桃花。而流年天干劫財，單身男女好不容易結識到新桃花，也容易有他人競爭搶奪，或者有別有用心之人的從中挑撥離間與破壞。所以今年想要脫單的肖虎單身男女，因保持樂觀向上的精神狀態，多鍛煉身心，及時解決心理問題。

已婚人士——由於刑害歲君的原因，肖虎的已婚人士本年在事業、婚姻、家庭等各方面都會會面臨諸多煩惱，壓力重重，內心苦悶，時常會有口舌紛爭或冷戰的情況發生。家庭瑣事也會讓你變得容易暴躁。越是這種時候越要調整好心態，多體貼家人，多付出，這樣方能保證家庭和睦，家人一起齊心協力，方能平穩渡過害太歲之年。

莘莘學子——今年有考試、考證等需求的肖虎者，因逢劫財星，可能會常常陷入自我衝突的情緒化中，同時易受到身邊朋友的負面影響，出現固執不聽勸、行事衝動魯莽、學東西浮躁不踏實等情形。歲君為食神星，食神代表了智慧和才華，領悟力方面得到提升，因而肖虎者本年學東西較快，會舉一反三找捷徑，但同時也有貪玩好享樂的情形出現，導致成績忽高忽低，對於考試考學易有影響。

不同年份人士運勢

二〇一〇庚寅年出生—「出山之虎」

二〇一〇年的肖虎者，納音五行為「松柏木」，乙巳流年納音五行「佛燈火」為其食傷，青少年今年特別好動，思維活躍，對新鮮事物好奇心很強，參加課外活動的機會很多，恐會分散學習精力。虛歲16的男性，今年遇「計都」值臨，不時會有突然而來的無妄之事；虛歲16的女性，今年遇「太陽」值臨，該星不利女性，女生容易需注意腰腹方面的保健，適當運動，安排體檢。

一九九八年・戊寅年出生——「過山之虎」

一九九八年的肖虎者，納音五行為「城頭土」，乙巳流年納音五行「佛燈火」為其印星，今年將有機會讓自己的人生更上一層樓，進入新的人生階段。今年你適宜自我增值，參加專業培訓，為未來的事業發展積蓄實力。另外，今年若遇到房產、車輛等大宗交易，你須注意文書條款等細節問題。虛歲28的男士，今年遇「羅睺」值臨，容易有口舌是非及法律、文書方面的糾紛；虛歲28的女士，今年遇「計都」值臨，主口舌是非，宜外出旅行，莫長期宅在家中。

一九八六年・丙寅年出生——「山林之虎」

一九八六年的肖虎者，納音五行為「爐中火」，乙巳流年納音五行「佛燈火」為其比劫，今年容易跟人發生口舌爭執，須防遭受小人連累及暗算，小心意外的錢財流失。今年可以多參加同窗舊友的聚會，聯絡感情，加深情誼。虛歲40的男士，今年遇「金曜」值臨，會有許多事不隨心的情況，出入須提防小人；虛歲40的女士，今年遇「太陰」值臨，須留意身體健康，特別是婦科方面的疾病，高齡產婦會有難產之憂。

一九七四年・甲寅年出生——「立定之虎」

一九七四年的肖虎者，納音五行為「大溪水」，乙巳流年納音五行「佛燈火」為其財星，今年流年逢歲君財星，財富較好，不妨在專業人士的指導下進行合理的理財投資，會有不錯的收益。同時，謹防一些電信詐騙分子的惡意欺詐，遇到不明情況，應及時和家人溝通或報警處理。虛歲52的男士，今年遇「計都」值臨，須預防突然出現的意外事件；虛歲52的女士，今年遇「太陽」值臨，此星對女性朋友不利，容易有突然出現的意外變故。

一九六二年・壬寅年出生──「過林之虎」

一九六二年的肖虎者，納音五行為「金箔金」，乙巳流年納音五行「佛燈火」為其官星，一方面，今年須格外注意自身的身體健康，注意交通出行的安全；另一方面，今年若要處理財務事宜，可多聽取家人和專業人士的建議，以免上當被騙。虛歲64的男士，今年遇「羅睺」值臨，容易有口舌是非，嚴重者有法律糾紛；虛歲64的女士，今年遇「計都」值臨，同樣容易招惹口舌是非，同時需妥善處理與家人的關係。

流月運勢

農曆一月・立春戊寅月（2月3日～3月4日）

運勢星級：★★

進入二〇二五年的正月，肖虎的朋友在本月形成兩寅害一巳之象，故本月要多防小人做

怪，凡事小心處理，不宜自恃過高，特別要搞好人脈關係。財運方面，本月你宜守而不宜動，不宜進行大額投資。感情運勢不佳，部分肖虎人士容易出現孤芳自賞，與對象冷戰。健康方面，你需多留心意外傷害。

農曆二月・驚蟄己卯月（3月5日～4月3日）

運勢星級：★★★

與上月相比，本月肖虎者各方面走勢有好轉，但不利於大的發展，會出現一些看似好的機會和機緣，但往往多為陷阱，故不宜投入。肖虎者的個人能力與才華在本月不能得到較好的發揮，建議本月最好對本年度的工作計劃多做些考慮和安排。財運一般，肖虎者求財較為辛苦。感情多有「爛桃花」出現，未婚者需注意防範受騙；已婚者則要注意遠離別有用心的異性，以免受制於人，出現婚變、損名之事。

農曆三月・清明庚辰月（4月4日～5月4日）

運勢星級：★★★

本月肖虎者的運勢相對平順，有巳火生辰土之象。肖虎者在工作方面稍有起色，個人想法多，頭腦靈活，應對得體，很多想法都可以實現，需要好好的把握住時機，多些努力。你本月的財運也較為理想，若有進財機會，不妨好好把握。感情問題上你與伴侶之間宜多些瞭解和溝通。家中有老年人的朋友們需多關注老人眼睛、血液方面的疾病。

農曆四月・立夏辛巳月（5月5日～6月4日）

運勢星級：★★

本月為兩巳遇一寅之象，同樣有相害之意，相害帶有傷害、意外等不利的資訊，可謂是個充滿是非的月份。肖虎者須時時注意，本月遇事一定要謹慎小心，以免給人留下把柄而受牽制。你在工作中如能腳踏實地，勤懇做事，還是可以得到一些意外收穫的。你的財運欠佳，開支過大，求財不利。感情上你應避免口舌之爭，遇事多溝通，避免感情出現裂縫。健康方面，你須注意出行安全，特別是經常開車或出差的朋友，尤其要注意個人安全。

農曆五月・芒種壬午月（6月5日～7月6日）

運勢星級：★★★

本月肖虎者的運勢上升，心情也好了許多。在工作上，你的個人能力可得發揮，事情進展順利，能得到意想不到的幫助和收益。但你不要被眼前形勢沖昏頭腦，因流年刑害歲星，容易招惹小人是非，所以需要時刻注意自身的人脈關係維護。本月你也適合學習提升。財運方面，你的偏財較旺，投資有望獲利。感情上，單身者脫單有望，已婚人士感情和睦。

蛇 馬 羊 猴 雞 狗 豬 鼠 牛 虎 兔 龍

農曆六月・小暑癸未月（7月7日~8月6日）

運勢星級：★★★

本月肖虎者的運勢不錯。工作方面，你會有好的機會出現，可選擇的空間較大。只要肯努力付出，可以得到回報與收穫；注意不要給自己太大的壓力，在輕鬆正向的心態下可以提升工作效率，個人能力才華也可以得到較好的發揮。你的財運將隨著事業發展水漲船高。感情上，已婚人士注意遠離爛桃花。健康上，本月肖虎者遭遇木土剋戰，須注意皮膚、脾胃消化系統等部位易發疾病。

農曆七月・立秋甲申月（8月7日~9月6日）

運勢星級：★

本月為寅申相沖之月，寅申巳三刑，肖虎者在這個月容易招惹一些刑罰之事，嚴重者恐有官訟是非臨身。所以本月你要特別注意自己的言行，遇事三思而行，切忌急躁，感情用事。財運方面變數較多，你求財不易，合作投資需慎之又慎。感情方面你需防婚變，注意溝通。健康方面，本月可儘量減少駕車，外出避開風險系數高的地方。

農曆八月・白露乙酉月（9月7日~10月7日）

運勢星級：★★★

本月肖虎者的運勢有了明顯好轉，心情上沒那麼壓抑，個人狀態回升。工作中你可以得到他人的擁護與支持，並且貴人的賞識也會為你帶來意外之喜。你只要勤勉做事，順勢而為，定可以有好的表現和不錯的收穫。財運方面，本月你適合穩中求財。感情方面，已婚人士情感漸趨穩定。健康方面，酉月金旺，來剋寅木，你要多注意肝膽之疾。

農曆九月・寒露丙戌月（10月8日~11月6日）

運勢星級：★★

本月肖虎者的運勢一般。事業方面，你做事比較得心應手，但可能要面臨付出多而收穫少的局面。財運方面，你在求財時競爭比較激烈，勞累辛苦但回報難成正比。本月你不宜投資或向他人借貸，恐有去無回。感情運尚可，單身者有桃花出現，可嘗試爭取，已婚者夫妻和睦。健康方面，你須多注意火土燥熱之疾，多食清淡食物。

農曆十月・立冬丁亥月（11月7日～12月6日）

運勢星級：★★★

本月為肖虎者吉凶參半之月。寅與亥相合，相合者為合和之喜，但在巳年與流月形成巳亥相沖之象，所以本月肖虎者諸多方面要面臨反覆變化，好中有壞，壞中又有吉。本月你遇到機會應大膽爭取，面對問題逐個解決，則會有不錯的收益。財運波動起伏較大，你不宜冒進。感情方面你同樣面臨著反覆之象，時好時壞，需多注意傾聽對方的意見，避免因意見分歧而導致的感情失和。

農曆十一月・大雪戊子月（12月7日～26年1月4日）

運勢星級：★★

巳年子月，年月呈現水火相剋之象，故肖虎者本月變動較多，吉凶難定，不宜莽撞行事，沉著冷靜為佳。事業方面，雖有不少看似好的機會出現，但你須留心圈套與陷阱。本月你財運平平，無大的起伏波動，理財投資需謹慎。感情上你須注意溝通方式，避免口舌和意見分歧。健康方面，你須注意自身及家中老人的肝膽、眼部健康。

農曆十二月・己丑月（26年1月5日~2月2日）

運勢星級：★★★

進入二〇二五年最後一個月份，對肖虎的朋友來講比上月有明顯好轉。你的事業工作呈良性發展，手頭事情可順利進行，整年的辛苦有一個漂亮的結尾。財運方面，本月你可能會有意外收穫和進賬。感情上，你須注意與異性朋友的距離與關係，遇事多與另一半交流、溝通，防止「桃花劫」的出現。健康方面，你需要注意脾胃消化系統的保健，小心皮膚外傷的發生。

兔

《年運詩簽》

比肩幫扶如添翼，
傷官變動辨利弊；
天狗弔客須防患，
九紫入宮納喜氣。

整體運程

開運顏色：黃色
開運數字：5、0

肖兔者邁入二〇二五乙巳年，見年干乙木為比肩，在一定程度上有助於增強肖兔者的自信心和主見，同時利於廣交朋友，擴增社交圈層，收穫人脈助力和合作機會。當然，比肩並行也會給肖兔者帶來一些良性競爭的際遇，若能充分發揮出歲星傷官的積極作用，勇於競爭，積極實幹，本年一定可以大有作為。

流年吉凶星曜

吉星：九紫

「九紫」為九運當旺之星，主所有喜慶之事，包括桃花人緣、戀愛結婚、孕育生娃、升職加薪、喬遷新居等喜事，今年肖兔者有九紫吉星的照拂，在前途發展或生活中都易有令人欣喜的好事或是值得慶賀的喜事發生。

凶星：天狗、天煞、吞陷、弔客

肖兔者逢「天狗」須提防錢財損失、意外血光、遭人背後中傷等事。今年見「天煞」，一防意外橫事纏身，二防健康疾患、孝服哀泣等事。肖兔者遇「吞陷」則要注意提高工作和學習的效率，切勿蹉跎大好時光或錯失良機，另外要注意處理好人際關係，以免滋生是非。流年逢「弔客」則易有傷病、弔唁、哀泣之事，要注意身邊親眷的健康。

流年四大運勢

正財偏財運：運勢星級：★★★★

乙巳年歲逢傷官、正財暗藏，又逢「九紫」這一當旺的大吉星，肖兔者正偏財暢旺，求財慾望強，也能積極行動，並從中賺取更多的財富。而流年天干比肩透出，對肖兔者而言，這一年既有不錯的合作求財的機會，也存在激烈得競爭與利益爭奪，因此，涉及利益及合作

等事，務必要擦亮眼睛，避免受人蒙蔽坑害。好在乙木受歲星傷官所泄，有利於結交能人強者，有望達成合作、打開財路、共贏互利。要提醒的是，今年「天狗」、「天煞」、「吞陷」和「弔客」這些凶星會影響今年財富的蓄積，務必要增強財產安全的意識，避免因傷病疾患、意外是非、投資失誤而增加損耗。

事業學業運：運勢星級：★★★★

傷官流年，肖兔者的事業發展多有變動的機遇，不妨順勢而為，主動迎接全新的挑戰，開創事業新局面。年干乙木比肩明透，可助肖兔者增強主見和自我發展意識，若以比肩為喜用，肖兔者有望打開社交圈子，結交才華能力超羣的朋友。但若以比肩為忌的肖兔者，則須注意保護好自身的合法權益，避免被人牽累或做局構陷。須提醒的是，肖兔者今年傷官當旺，容易觸犯官星，加上「天狗」、「天煞」和「吞陷」等凶星環伺，事業發展或許會受到一些負面影響。

健康安全運：運勢星級：★★

肖兔者健康方面不算理想。卯木遇傷官主事得流年，雖然能得乙木年干幫身，但乙木和卯木皆受歲星巳火泄氣，於健康不利。此外，財旺之年必生壓力，本年又有「天煞」和「弔客」等與健康有關的凶星飛臨，肖兔者易因操勞奔波、勞心費神而消耗體能、影響健康，抵抗力也易變弱。今年肖兔者還容易因壓力過大，產生氣血鬱結，從而影響脾胃功能等病狀，因此要注意養生保健，平衡好生活與工作、學習之間的關係，勞逸結合，適度調整作息，以輕松樂觀的心態對待生活。

婚戀姻緣運：運勢星級：★★★

對於肖兔男女而言，今年情緣之路不算平坦。比肩乙木出頭，既有朋友幫扶、撮合感情之意，又有感情競爭、紛爭迭起之象。歲逢傷官，正財暗藏，對於男性而言，感情慾望和桃花情緣皆會增強，加上「九紫」喜慶之星照臨，單身男性可把握機緣尋覓到合適的伴侶，而已有對象的男性在婚戀感情裏的投入和收獲也易成正比。對於女性而言，若今年干支對本人格局發揮出好的作用，加上「九紫」吉星的拱照，感情上就易有婚戀或生育之喜，反之，若本年干支為忌，感情則易起爭端是非，甚至會出現分離結束的局面。

各類人士行運指南

職場精英——得「九紫」吉星照拂，肖兔的職場精英今年在職場上有升職加薪機會，辛苦付出容易得到豐厚回報。傷官流年，從事創意行業的肖兔者這一年更是有一展抱負的機會。但同時要注意，傷官流年，肖兔者切記盲目自信、恃才傲物或膽大妄為去做逾矩越界之事，

蛇 馬 羊 猴 雞 狗 豬 鼠 牛 虎 兔 龍

為人處世若鋒芒太露，容易招惹是非。「天狗」、「吞陷」等凶星帶來的事業阻力不可小視，一切以多做少說，低調慎言為重。

經商人士——流年歲星為肖兔者的傷官星，傷官可生財，因此肖兔的經商人士今年求財機會多，經營思路靈活，財富運勢上升。同時，流年天干比肩透出，帶來了合作經營、打開財路、共贏互利的機會。「九紫」入命，也代表著經商人士這一年易有喜事發生。但「天狗」、「天煞」、「吞陷」和「弔客」等凶星會帶來各種麻煩與破財之事，經商人士今年務必注意恪守規則底線，合法經營。

單身男女——比肩流年，年支遇傷官，對於肖兔的單身男女而言，今年情緣之路不算平坦。比肩乙木出頭，既有朋友幫扶、撮合感情之意，又有感情競爭、紛爭迭起之象，具體應事須視個人格局與歲運組合的作用好壞而定。歲逢傷官，正財暗藏，加上「九紫」喜慶之星的助力，所以肖兔男性這一年桃花多選擇多，只要用心選擇，認真追求，有很大機率順利脫單，享受甜蜜戀情。

已婚人士——今年肖兔者遭遇數顆凶星的干擾，健康、家宅和平安都有直接的不利影響。要留意家人各方面細節和反常之處，心有疑惑，可以和命理專家進行詳細分析。流年天干為比肩，人緣較好，能得到朋友幫扶，同時也有感情競爭的跡象，不妨增加對家庭和伴侶的投入，守護好家庭和感情。

莘莘學子——歲星為肖兔者的傷官星，傷官代表聰明、才華、創新，故肖兔的學子們今年頭腦靈活，學東西快，並且能舉一反三，一通百通。加上有「九紫」大吉星照拂，莘莘學子今年能充分發揮聰明才智，並在考試方面取得實質性的進步和收獲。努力學習的同時，也要注意勞逸結合。

不同年份人士運勢

二〇一一年・辛卯年出生——「蟾窟之兔」

二〇一一年的肖兔者，納音為「松柏木」，乙巳流年納音「佛燈火」為其食傷，青少年今年特別好動，思維活躍，對新鮮事物好奇心很強，參加課外活動的機會很多，恐會分散學習精力。若能配合個人格局在書桌上擺放【一路折桂】寓意利護考學，兼顧平衡學業與興趣發展。虛歲15的男生，今年遇「火曜」值臨，注意不要意氣用事，與他人衝突爭吵；

一路折桂

虛歲15的女生，今年遇「羅睺」值臨，今年容易出現一些讓人感到鬱悶的事情，同時要小心意外血光。

一九九九年・己卯年出生—「山林之兔」

一九九九年的肖兔者，納音為「城頭土」，乙巳流年納音「佛燈火」為其印星，今年將有機會讓自己的人生更上一層樓，進入新的人生階段。今年適宜進修、自我增值，參加專業培訓，為未來的事業發展積蓄實力。另外，今年若遇到房產、車輛等大宗交易，須注意文書條款等細節問題。虛歲27的男士，今年遇「木曜」值臨，須留意眼目方面的疾病，不要用眼過度，注意肝臟的保健；虛歲27的女士，今年遇「水曜」值臨，須注意口舌侵擾，避免水上活動。

一九八七年・丁卯年出生—「望月之兔」

一九八七年的肖兔者，納音為「爐中火」，乙巳流年納音「佛燈火」為其比劫，今年容易跟人發生口舌爭執，須防遭受小人連累及暗算，小心意外的錢財流失。今年可以多參加同窗舊友的聚會，聯絡感情，加深情誼。虛歲39的男士，今年遇「水曜」值臨，主家中多有喜慶之事，遠行可滋長自身財富；虛歲39的女士，今年遇「木曜」值臨，容易有意外血光，但不妨礙婚姻和合，家人平安。

一九七五年・乙卯年出生——「得道之兔」

一九七五年的肖兔者，納音為「大溪水」，乙巳流年納音「佛燈火」為其財星，今年可辛苦得財。須留意身心保健，莫操勞過度。此外，今年容易出現影響婚姻家庭或個人名譽的霧水桃花，須保持清醒的頭腦，莫被迷惑。虛歲51的男士，今年遇「火曜」值臨，凡事宜保守安身，勿強出風頭，得不償失；虛歲51的女士，今年遇「羅睺」值臨，須預防意外血光，注意眼部及口部等處的保健。

一九六三年・癸卯年出生——「田野之兔」

一九六三年的肖兔者，納音為「金箔金」，乙巳流年納音「佛燈火」為其官星，一方面，今年須格外注意自身的身體健康，注意交通出行的安全；另一方面，今年若要處理財務事宜，可多聽取家人和專業人士的建議，以免上當被騙。虛歲63的男士，今年遇「木曜」值臨，須注意保養肝臟及眼目，提防上火動怒；虛歲63的女士，今年遇「水曜」值臨，須小心口舌糾紛，同時注意避免參與水上活動。

流月運勢

農曆一月・立春戊寅月（2月3日～3月4日）

運勢星級：★★

在這個寅卯相交的月份，職場人士有希望迎來職位晉升與薪資增長的雙重喜悅，本月須用心維系好人際關係，以確保全年工作能順暢開展。在財運方面，你宜採取穩健的投資策略為好，尋求逐步增長，避免因貪婪和盲目投資而帶來的風險。在感情上，已婚夫婦的關係穩固，而戀愛中的人們也享受著平穩發展的甜蜜。至於健康，無論是精神還是身體，肖兔者均維持在較好的狀態。

農曆二月・驚蟄己卯月（3月5日～4月3日）

運勢星級：★★★

本周肖兔者運勢下降。在工作中不妨保持謙遜，避免過於張揚而引起領導的警惕和不滿。財運方面，本月你有進有出，應儘量避免借貸和投資，注重穩健理財。在感情方面，你應注意與伴侶的溝通方式，避免言語上的衝突和傷害。健康方面，你須特別關注消化系統健康，可能會出現消化問題或面臨食物中毒的風險。此外，你在出行時要格外小心，不宜頻繁外出或安排旅行。

農曆三月・清明庚辰月(4月4日~5月4日)

運勢星級:★★

本月卯辰相害,肖兔者運勢並無好轉。本月你的人際關係是重點,來自領導壓力會比較大,因此須維系好與上級的關係,即使不能獲得來自上級的支持,也至少要避免他們的阻礙。同時,你必須警惕身邊那些可能趁機興風作浪的小人,以免在職場和人際交往中陷入困境。本月你的財務狀況起伏不定,有破財之象,保守為好。感情方面,你與對象之間易產生誤會,保持真誠,用心溝通。

農曆四月・立夏辛巳月(5月5日~6月4日)

運勢星級:★★★

本月是卯木生巳火的月份,肖兔者各方面運勢都有明顯回升。本月你的工作充滿機遇,保持良好執行力的同時,不要因貪圖眼前的蠅頭小利而造成更大的損失。財運方面,你的進財機會增加,收入有望得到增長。感情方面,男性桃花暢旺,單身者有望邂逅良緣,但難有實質性進展;在健康方面,你要防肝火過盛,重視飲食的平衡,多攝入溫和性質的食物,減少辛辣刺激的攝入。

農曆五月・芒種壬午月（6月5日～7月6日）

運勢星級：★★★★

本月肖兔者依舊積極向上，各方面運勢順風順水。工作方面，經過你的努力，極有可能得到上司的認可和點撥，有升職加薪的希望。財運上，本月可謂收穫頗豐，但要提防小人，避免「財來快財去快」的空歡喜局面。情感方面，因有桃花星出現，單身肖兔者本月不妨多留心觀察身邊的人，緣分說不定就在其中；已有伴侶人士則要小心「桃花劫」。

農曆六月・小暑癸未月（7月7日～8月6日）

運勢星級：★★★

本月有卯未半合之象，肖兔者的各方面運勢繼續平穩上升。事業上，你能得到貴人扶持，可望得到新的機遇，或者全新突破，但要注意凡事不可貪多求快，步步為營才是更好的選擇。財運不錯，你在正偏財上均有不錯的收穫，但投資理財須謹慎，否則財來財走留不住。感情方面，已有伴侶者感情順暢。健康方面要注意飲食有度，避免暴飲暴食造成消化系統疾病。

蛇 馬 羊 猴 雞 狗 豬 鼠 牛 虎 兔 龍

農曆七月・立秋甲申月（8月7日～9月6日）

運勢星級：★★★★

本月肖兔者各方面運勢順暢。事業方面，本月肖兔者在貴人的扶持下順利發展，可以施展拳腳，或者趁機拓展自己的事業，但須注意保持執行力，不要停留在空想階段，多嘗試落地執行。財富亨通，進財機會多，面對各種投資或者突然出現得賺大錢機會時須保持頭腦冷靜，謹防貪多求大導致「竹籃打水一場空」。情感方面，無論是已婚者還是未婚者，都有望情感升溫，有所進展。

農曆八月・白露乙酉月（9月7日～10月7日）

運勢星級：★★★

本月卯酉相沖，肖兔者運勢急轉直下，凡事均要謹慎小心，以免招來麻煩。在事業上，你可能會遭遇一些挫折，做事阻礙較大。人際關係也是難題之一，你須儘量收斂脾性，避免發生衝突或鬧不愉快。經商人士則要提防小人背後使壞，或者同行惡意競爭等。財運方面，本月你的破財風險較大。感情上，你可能要面臨競爭，伴侶之間不宜過多猜忌。健康方面，你不但要關注自身的身體健康，亦要多關心伴侶和家中長輩的健康。

農曆九月・寒露丙戌月（10月8日～11月6日）

運勢星級：★★

本月卯戌相合，肖兔者運勢有明顯回升，各方面運勢變順暢。事業方面，你的工作效率提高，有貴人助力，容易取得新的進展，就算遇到問題，也能順利解決。財運方面，你於正偏財均有收穫，但仍不宜有大的投資舉動。本月你若有出差或異地公幹的機會，不妨抓住，可能會得到意外收穫。感情方面，你本月桃花暢旺，單身者宜開邂逅良緣展開戀情，已有伴侶者要預防感情搖擺不定。

農曆十月・立冬丁亥月（11月7日～12月6日）

運勢星級：★★★

亥卯半合的月份，肖兔者本月運勢持續上升。事業方面，你只要踏實肯幹，做好計劃，按部就班，就能得到不錯的機會和收穫。本月你適合積極開展人際交流，擴大社交圈，拓展人脈。財運亦不錯，你適當投資會得到不錯的回報，但有支出增大的跡象，注意合理規劃開支。在感情方面，單身者有望遇到心儀對象。健康方面，你要特別注意預防意外事故，儘量避免參加危險性質的活動。

農曆十一月・大雪戊子月（12月7日～26年1月4日）

運勢星級：★★★★

子卯相刑之月，本月肖兔之人運勢有下滑跡象，各方面運勢均有一定的阻礙，凡事宜謹慎。事業上，你可能會遇到許多不確定的因素，困難重重，讓你焦頭爛額，此時若能踏實勤懇，步步為營，避免因心態失控而出錯，同樣能順利度過。財運方面亦不算明朗，本月你不宜做風險類投資。情感方面，煩躁的情緒和壓抑的心態會成為你與對象發生摩擦和爭執的導火索。

農曆十二月・己丑月（26年1月5日～2月2日）

運勢星級：★★

本月肖兔者從各方面均能感覺到明顯的好轉。事業方面，你適合積極進取，大膽拼搏，有望得到貴人的指點和幫助，許多困擾你許久的麻煩也能迎刃而解，諸事順利。財運不錯，你將有進財機會，但開支同樣在增加。感情方面，你們夫妻恩愛甜蜜，良好的溝通和相互的體諒是情感升溫的關鍵。對於戀愛的人來說，本月亦是一個取得關鍵性進展的好機會，宜婚嫁。健康方面，你要注意適當的忌口。

《年運詩簽》

功名幸得正官透，
天喜陌越樂悠遊；
歲逢偏印有利弊，
食神反制解愁憂。

整體運勢

開運顏色：白色

開運數字：4、9

肖龍者進入二〇二五乙巳年，年干乙木為正官，歲星巳火為偏印，辰土得木官火印相生，及受「一白」、「陌越」、「天喜」等吉星守護，總體運勢相對平穩。美中不足的是歲逢偏印，且遇「病符」、「天煞」和「寡宿」等凶星，對於事業求財、健康、感情、人際交往等方面亦有不利的影響。

流年吉凶星曜

吉星：一白、天喜、陌越

本年一白星飛入東南巽宮，為肖龍者帶來事業升遷、考學有成、人際助力及感情發展的好轉機。「天喜」臨身，將為肖龍者的新年發展際遇帶來一些可喜的變化，對於事業發展、桃花人緣、感情婚戀都有不錯的加分。「陌越」主事業升遷、地位擢升等事，意味著肖龍者今年有望通過自身的努力和學識才幹，獲得更大發展空間。

凶星：寡宿、病符、天煞

「寡宿」飛臨，不利肖龍者之婚戀感情及人際關係，有情感疏離、單身孤獨之感。「病符」臨身，不利自身及六親健康，容易因為傷病損財，肖龍者一方面要有意識加強身體鍛煉，提高身體的抵抗力，另一方面要儘量避免去一些氣場不好的地方，避免沾染病氣晦氣。肖龍者受「天煞」干擾，今年須防意外橫事、病氣纏身及孝服哀泣等事。

流年四大運勢

正財偏財運：運勢星級：★★★

肖龍者今年正官坐偏印，又有「一白」大吉星拱照，肖龍者今年若能眼疾手快，洞察機會並牢牢抓住抓住，則有望通過努力獲得正職以外的其他收入。建議肖龍者二〇二五年在穩守主業的基礎上上，根據自身的能力與資源優勢，多觀察留意發展副業或尋找兼職的機會，爭取能多管道求財。另外，由於「病符」與「天煞」這兩顆凶星的干擾，肖龍者今年要注意避免因傷病或意外是非而損失錢財。

事業學業運：運勢星級：★★★

流年天干正官透出，地支來生辰土，「一白」、「陌越」等吉星又來拱護，肖龍者二○二五年的事業會有不錯的發展機遇及外界助力。部分肖龍者這一年創造性思維和洞察力增強，若能踏實勤奮，事業有望獲得提升或是更大的成就。與此同時，逢入偏印之年，肖龍者個人想法較為極端，情緒亦十分波動，學業上無法專心，學習能力變弱。故肖龍者須積極地調整心態和轉變一些思想觀念，才有機會見識更廣闊的的天地。官受印泄，諸事皆有突然生變的可能，致使事業一波三折，因此要保持理性思考，以免期望落空。

健康安全運：運勢星級：★★

肖龍者遇流年干支木火相生，辰龍又受巳火生身，雖然自身能量有所增強，但歲星巳中藏干丙火為辰土的偏印星，偏印過旺、火炎土燥，加上流年遇到「病符」、「天煞」和「寡宿」三顆與傷病有關的凶星，這些變數皆會影響肖龍者的身心健康。許多人將會出現如食慾不振，情志抑鬱，肝膽火旺引發的不適之症。此外，懷孕的肖龍女性今年要格外注意養身安胎及出行安全，日常避免過勞或情緒波動劇烈，也儘量不去氣場不潔之地。

婚戀姻緣運：運勢星級：★★★

得益於「一白」與「天喜」兩顆桃花星的出現，進入二〇二五年後肖龍者會有不錯的感情變化。未婚之人有機會開展新戀情，應放下思想包袱，積極主動去追求愛情；尤其是肖龍者女性，這一年正官明透，大利感情發展，適合結識高質量的桃花對象。要注意的是，乙木正官受巳火偏印泄弱，又逢「寡宿」星，肖龍者對於感情的心態也易受影響，或有情感疏離的表現，或有保持單身的想法，故不利婚戀關係的深入發展及人情關係的親密融合，有時可能會導致熱情冷退、感情關係由濃轉淡。

各類人士行運指南

職場精英

對於職場精英而言，事業方面總體較為不錯，若能好好表現，易有晉升之喜。偏印流年利於進修學習考證晉級，比如參與職稱評級或學習專業技能，為未來發展創造更多有利條件。本年「一白」、「陌越」吉星入命，帶來貴人與機遇。在人際關係方面，必須注意防範「天煞」和「寡宿」帶來的負面影響。

經商人士——二〇二五年肖龍者得「一白」大財星庇護，經商人士財路廣開，在生意場上機會較多，求財有利。然而，對於合作創業者、合作共事者而言，肖龍者本年的生意關係容易受「天煞」、「寡宿」等凶星的影響，人際關係容易不穩。今年肖龍者如若貿然涉足不熟悉的行業領域或跟風投資新的賽道，步子邁得太大，恐會傷及事業根基，最後鬧得人財兩空。

單身男女——今年肖龍者有「天喜」桃花吉星入命，單身男女在感情上容易邂逅良緣，並有望更進一步。但因「寡宿」星影響，單身男女今年尤其享受獨身生活，戀愛脫單慾望減退，感情難有進展。而由於流年天干正官受地支巳火偏印泄耗，肖龍者的單身男女可能容易衝動偏激，焦慮不安，甚至一言不合就起衝突，個人魅力大打折扣，不利吸引良緣。打算邂逅一段愛情的肖龍者朋友，今年時刻留意自己的情緒變化，多對外樹立正面形象。

已婚人士——官印相生的流年，已婚人士要面臨的阻礙和挑戰較多，很難順心，由此累積的壓力、不滿和疲倦，若帶入家庭，則會導致家庭失和，爭吵不休。財務和事業方面的反覆波動更是會讓你的不良情緒雪上加霜。肖龍者今年務必多體貼伴侶的辛苦付出，積極溝通，傾訴自己的想法，扭轉不順，確保家庭安穩和諧。

莘莘學子——二〇二五偏印流年，又有「一白」助力，對於肖龍者的學子或有考學計劃的人而言會是成長較快的時期，特別是偏門的興趣愛好進步明顯，但部分人可能會因為正官受偏印泄耗嚴重，學習上會有很大的壓力，內心苦悶難疏解，成績容易受影響而起伏不定，有時甚至會因為太多壓抑而想要放棄。除了學習壓力，今年肖龍者的學子受「病符」影響，健康方面也不容樂觀，不要熬夜學習，也不要參加過多的激烈運動。

不同年份人士運勢

二〇一二年・壬辰年出生——「行雨之龍」

二〇一二年的肖龍者，納音五行為「長流水」，乙巳流年納音「佛燈火」為其財星，今年青少年玩心略重，錢財花銷較大，家長引導孩子合理消費的同時，宜將支出轉移到孩子的學業上來化解，例如參加課外輔導班、特長興趣班，或是送孩子去異地求學、出國留學。虛歲14的男生，今年遇「太陽」值命，一年到頭皆能平順隨心，適合旅行出遊；虛歲14的女生，今年遇「土曜」值命，今年須留意家中寵物的健康，同時注意調節自己的睡眠質量。

二〇〇〇年・庚辰年出生——「恕性之龍」

二〇〇〇年的肖龍者，納音為「白臘金」，乙巳流年納音「佛燈火」為其官星，今年將會是獲得進步及提升的一年。打工或創業的朋友，事業上會出現新的機遇，雖然工作壓力較

大，但付出總會有不錯的收穫。虛歲26的男士，今年遇「太陰」值命，主凡事皆能隨心，適合處理合同文書事宜；虛歲26的女士，今年遇「金曜」值命，今年須小心飲食清潔，預防腸胃毛病，出入預防小人。

一九八八年・戊辰年出生——「溫情之龍」

一九八八年的肖龍者，納音為「大林木」，乙巳流年納音「佛燈火」為其食傷，創業經營的老闆今年逢食傷流年，掙錢的思路很活絡，賺錢的機會很多。職場人士和公職人員今年反而要謹言慎行，待人謙遜，以免無意中得罪領導、客戶及周圍同事而不自知，影響自己的事業前程。虛歲38的男士，今年遇「土曜」值命，須小心處理一切有關合同文書方面的事宜，預防官非侵擾；虛歲38的女士，今年遇「火曜」值命，今年須小心流產、難產等問題，小心意外血光。

一九七六年・丙辰年出生——「天上之龍」

一九七六年的肖龍者，納音為「沙中土」，乙巳流年納音「佛燈火」為其印星，今年在事業上容易得到地位的提升，但過程較為艱辛。同時，今年將有較大機會購置房產及車輛，但過程容易出現阻滯。虛歲50的男士，今年遇「太陽」值命，「行年值太陽，終歲得安康」，家中有機會添丁進口，遠行可有利於財運；虛歲50的女士，今年遇「土曜」值命，須提防小人侵擾，今年不適合遠行。

一九六四年・乙巳年出生—「伏潭之龍」

一九六四年的肖龍者，納音為「佛燈火」，乙巳流年納音「佛燈火」為其比劫，今年須留意被他人騙錢的事情發生，務必不要有投機及擔保行為。同時，今年會有較多機會與親朋好友相聚，回憶往日時光，敦親睦友。虛歲62的男士，今年遇「太陰」值命，凡事皆能隨心，適合處理與公務文書相關的事宜，遠行出遊將有利於增長財運；虛歲62的女士，今年遇「金曜」值命，今年須小心飲食清潔，預防腸胃方面的問題，出入要提防小人及盜賊。

流月運勢

農曆一月・立春戊寅月（2月3日～3月4日）

運勢星級：★★

肖龍者在本月內心充滿期待與希望，但改變是一個循序漸進的過程，不要操之過急，以免影響情緒。事業方面，本月會有新的機會出現，但很難馬上讓你的事業狀態煥然一新，計劃的事情難以一蹴而就。財運方面，本月你收入增加，支出同樣在增加。情感方面，單身人士有機會認識新人，但本月難有實質性進展，已有伴侶人士則容易與伴侶產生矛盾和摩擦。

健康方面，你要特別注意飲食有度，以免引起腸胃方面的疾病。

農曆二月・驚蟄己卯月（3月5日～4月3日）

運勢星級：★★

卯月與肖龍者形成卯辰相害之象，運勢下降，無論是工作還是生活中，阻礙較多。工作方面，你會感覺行事很難順暢，總有莫名其妙的煩心事發生。財運方面，本月你不宜與人合作或合夥創業，同時要防備他人在背後使壞造成損失。對於未婚的朋友們來說，本月感情無太多變化，反而要預防小三插足關係。健康方面，你須多注意皮膚外傷之疾。

農曆三月・清明庚辰月（4月4日～5月4日）

運勢星級：★★★

肖龍者本月辰辰自刑，運勢喜憂參半。工作上你會遇到不少困難和阻撓，上司、同事和客戶都會給你帶來不少壓力。因此，在努力處理好內憂外患的同時，你還要用心處理好人際關係，降低對他人的預期，同時調整好自己的心態，樂觀應對問題。財運方面本月無太多變化，你須注意開源節流，減少開支。感情上，本月你容易因瑣事而爭吵鬥氣，儘量多包容彼此。健康方面，你要注意預防血光之災，出遊要特別注意交通安全。

農曆四月・立夏辛巳月（5月5日～6月4日）

運勢星級：★★★★

流月地支巳火生辰土，辰土得生助，本月運勢明顯回升，肖龍者本月可以吐氣揚眉，大展拳腳。在事業上，你將有不錯的機會，如果能好好表現，升職加薪有望。肖龍者的經商朋友，本月生意亦有明顯好轉，盈利頗多。財富上，本月偏財較好，有機會獲得意外之財。情感方面，本月桃花星動，單身的朋友遇到心儀的對象，可抓住機會大膽表白，成功的機會較大；情侶亦可更進一步，修成正果。

農曆五月・芒種壬午月（6月5日～7月6日）

運勢星級：★★★

本月午火生辰土，肖龍者好運依舊，上個月的好勢頭在延續。須注意的是，本月有火旺土燥之象，你在處理工作時，要懂得見好就收，切忌好大喜功或高調出風頭，否則容易惹來麻煩。感情上，本月是單身肖龍者開展新戀情的好時機，夫妻或情侶之間，先前的誤會和不快煙消雲散，甜蜜恩愛。健康方面，你要注意心臟和神經系統的保養，注意調節心理、舒緩神經。

農曆六月・小暑癸未月（7月7日～8月6日）

運勢星級：★★

本月肖龍者運勢有下滑跡象。事業上，你可能會遇到較大的挫折，計劃趕不上變化，總會有意料之外的變故發生，讓你頭痛不已。你要注意調整好心態，同時多聽取同事和領導的意見，不要一意孤行。財運方面亦不算理想，你與人合作要注意防範小人作梗。情感方面受到流月波動的衝擊，夫妻之間容易鬥氣，單身者亦難以覓得佳偶。

農曆七月・立秋甲申月（8月7日～9月6日）

運勢星級：★★★

辰龍在申月，土去生金，事業上會有較多付出，好在一分耕耘有一分收穫。本月你的人際關係有出現好轉跡象，有貴人出現，各方面都有可能給你指點和幫助。財運方面，你的正偏財收入均有增長，經商人士本月可能會接到較大的訂單，盈利增加。情感方面，本月是適合你告白的月份，若有良緣可把握機會。健康方面，你要注意保持良好的飲食習慣，避免傷肝、傷腸胃的食物。

農曆八月・白露乙酉月（9月7日～10月7日）

運勢星級：★★★★

辰酉相合之月，肖龍者運勢大好。本月是貴人月，容易出現能給你帶來很大幫助的貴人，記得保持執行力，保持勤勉努力。創業或經商的肖龍者朋友，本月有望出現新商機，不妨仔細觀察，保持思考。情感方面，本月桃花暢旺，單身者有望通過貴人結識良緣，獲得進一步發展；已有伴侶者感情融洽甜蜜。健康方面，無太多變化。

農曆九月・寒露丙戌月（10月8日～11月6日）

運勢星級：★★

本月辰戌相沖，運勢多有波折和變動。在事業上，你的周圍會有一些動蕩出現，挑戰你的應變能力，儘量保持平穩心態，做好手頭事情，問題最終會引刃而解。財運方面，本月你容易遇到意料之外的耗財事件。在情感上，夫妻之間容易發生誤會或口角，而使感情變淡，要注意互相忍讓和體諒。健康方面，你要注意飲食有度，起居有節，特別要注意腸胃的健康。

農曆十月・立冬丁亥月（11月7日～12月6日）

運勢星級：★★★

本月肖龍者的運勢仍然不算理想，但比上月有回暖。事業上，雖然依舊一波三折，狀況

頻出，但本月你有貴人幫扶，若能保持努力不懈怠，有望扭轉局勢，獲得不錯的結果。同時，本月你的人際關係仍是重點，與人為善，用心維繫好周邊的關係，行事會順暢很多。財運方面，偏財尚可，你可尋求多管道進財的機會。桃花運不錯，本月夫妻感情融洽，情侶之間適合更進一步，單身者適合告白。健康方面，你要多關注家中有慢性病或心腦血管疾病的老人的健康。

農曆十一月・大雪戊子月（12月7日～26年1月4日）

運勢星級：★★★★

本月地支與辰龍形成子辰半合之象，肖龍者運程回升，各方面好轉。事業上，無論是求職還是自謀發展，你都能取得不錯的進展。就算遇到問題，也有貴人相助解決，若能認真規劃，增強執行力，可以有一番收穫。財運方面，本月偏財較旺，你可能有意外之財，可多走動，增加與親朋舊友的來往。情感方面，已婚者夫妻恩愛、家庭和睦，未婚者有望取得進一步的發展。健康方面，你可多吃黑色的食物。

農曆十二月・己丑月（26年1月5日~2月2日）

運勢星級：★★★

本月肖龍者運勢反覆，喜憂參半。在事業上，你要團結身邊的同事，增加溝通交流，預防小人作梗。財運方面，有破財之象，你切勿輕易做大的投資，特別是風險類投資。情感方面，夫妻間若溝通良好，可讓情感升溫，若處理不當，反倒容易傷和氣起摩擦；情侶之間要防第三者插足。健康方面，你要注意飲食和衛生，多吃養脾益胃的食物，少飲酒、少吃味厚重的食物。

八字
命裡玄機，鐵筆直判
知「先天命」才能掌握「後天運」！「八字」是中國命理學中最重大的發明，歷經千年的驗證，你不可不信！

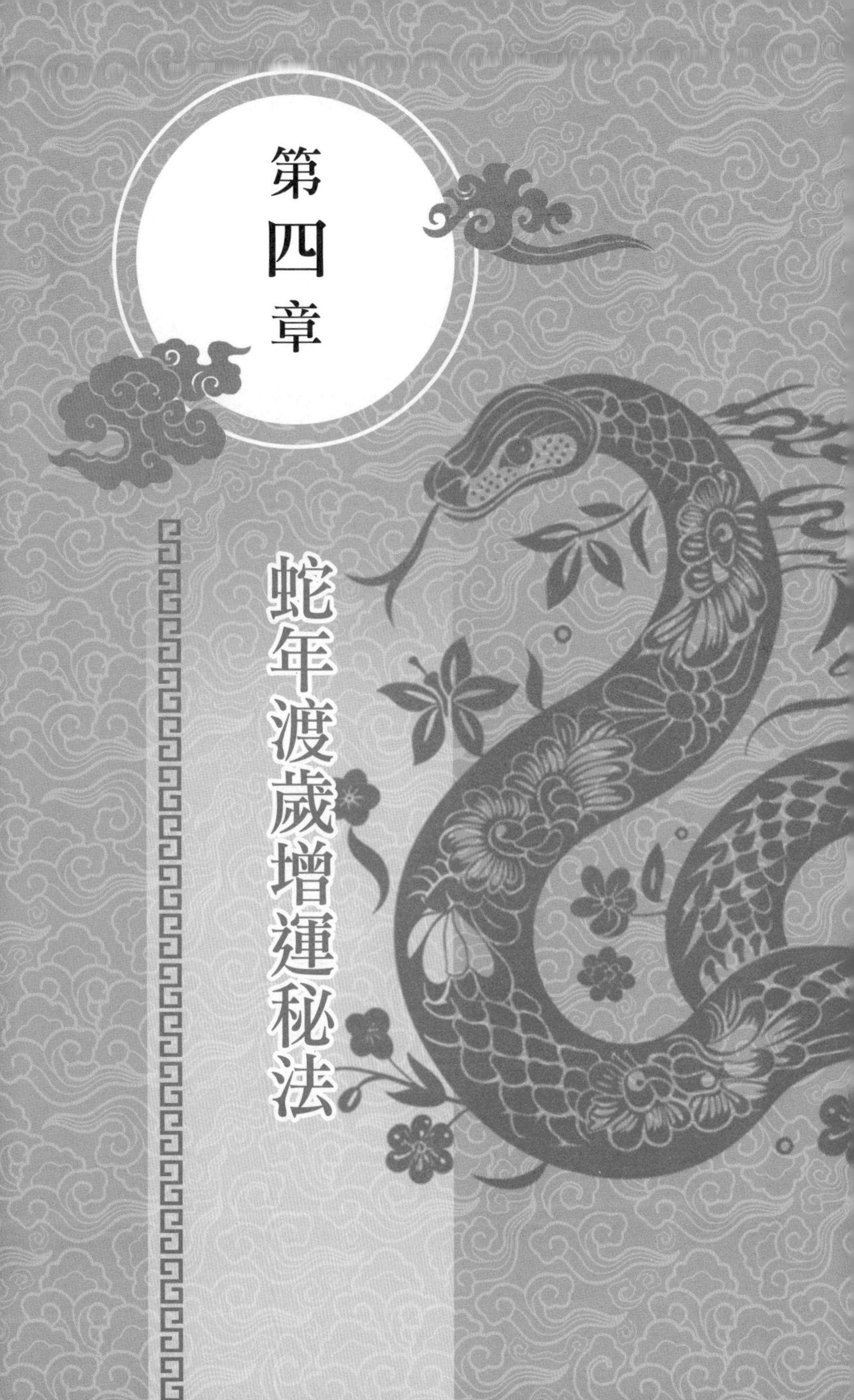
第四章
蛇年渡歲增運秘法

何謂「犯太歲」？如何減低影響？

所謂的「犯太歲」只是泛稱，其主要包括了**刑太歲**、**沖太歲**、**害太歲**、**破太歲**及**值太歲**這幾類。這其中，沖太歲和刑太歲是比較激烈的，而害太歲、破太歲及值太歲的影響則稍微輕微一些。無論是哪一類，犯太歲皆指本年的運勢曲線波動較往常幅度更大，這樣的波動未必全是壞事，好的或許亦有機會更好，但壞的則一定更壞。

乙巳年太歲大將軍「吳遂」

實際上，「犯太歲」並非只是簡單包括生肖的沖犯，皆因出生年份的地支不過是你八字原局中的「一字」，而你八字中的月、日、時中的地支，同樣有可能是沖犯當年太歲的地支（今年指的是寅、巳、申、亥）。從這個角度來看，其實人人都有可能存在不同程度的「犯太歲」。

若你本身八字格局好，或大運走得順利，那麼即便自己屬於犯太歲的生肖，你所遭遇的阻礙也不會太大；相反，若你本身的命格或大運都比較差強人意，則犯太歲的惡性效果會放大數倍。若要實在地看到流年如何你的本命八字，你還是需要請教專業命理師傅，或者下載使用「易奇八字」手機程式，獲得詳盡分析。

此外，根據民間傳統，每一年都有一位值年的天神，即「太歲大將軍」，將主宰本年一切運勢。乙巳年的太歲大將軍名諱為「吳遂」，因此，若你的名字中有「遂」字，或者名字直接是「吳」與「遂」的組合，亦有機會冒犯到太歲名諱，從而產生不好的影響。

而因今年沖犯太歲的生肖地支為寅、巳、申、亥（虎、蛇、猴、豬），若你的名字的用字或用字部首中包含着這幾個地支，亦是另一種輕微的犯太歲。

確認自己有不同程度犯太歲的人士，應該如何將影響減到最低？可以參考以下幾種方式：

攝太歲——犯太歲的人士，可在過年期間至立春之前，選擇吉祥的日子（本書後文將介紹適合年關拜太歲的吉日），前往道教宮觀禮拜斗姆元君、值年太歲及本命太歲。具體攝太歲方式可在道場內請教專業人士。

躲春——在西曆 2025 年 2 月 3 日立春這天，夜晚 22 時前後一小時是立春時辰，在條件允許的情況下，犯太歲人士最好可以獨自一人在房間，或呆在一個安靜不受打擾的空間裏，保持清醒狀態，關閉手機、電腦、電視等電子設備，不要睡覺，不要聊天，不要被人打擾，安靜地度過。

宗教修持——有信仰的人士，可在立春時辰，或者立春全日，通過誦經、禮拜來提升自我能量，獲得靈性加持。如唸誦道教的《常清靜經》，佛教的《般若心經》、《金剛經》等。

風水調理——可對應本書前文關於流年風水佈陣的內容，找到住所或辦公場所的不同吉凶方位，放置不同的物品。亦可直接聯繫我們，在吉祥方位擺放根據個人八字格局定制的風水擺件及旺運飾物，消解凶星及太歲的影響及阻滯之氣。

測算流年——犯太歲的人士，可下載「易奇八字」手機程式，打開「運程車」部分，測算今年的運勢。亦可直接通過本書提及的聯繫方式聯繫我們，直接詳盡測算個人八字及流年，以了解具體的趨吉避凶之法。

佩戴助運飾物——這是最直截了當、簡單易行的增益減災之法。佩戴經過正統宗教儀式加持的飾物，如吊墜、掛飾或手鍊，可最直接地讓自己的身心籠罩於強大能量場之中，從而使得自己的內在能量獲得淨化及提升。無論你是否屬於犯太歲的生肖人士，皆可佩戴或使用對應的開光吉祥物，逢凶則化，遇吉則增。

董易奇老師每年亦會因應不同的流年氣運特點，及十二生肖各自不同的流年需求，設計具有針對性的生肖助運物，並通過道家祖庭高功法師開光加持。為讓更多有緣人士獲益，以下將簡要介紹二〇二五乙巳蛇年十二生肖助運飾物的設計元素及功效。

生肖增運法物

肖蛇者乙巳增運法物

手鏈：麒麟呈祥

易祈吉祥以丑土、麒麟為肖蛇者二〇二五年吉祥手鏈的旺歲元素。丑土，為巳火之財庫，且半合巳火，能引泄歲君比肩相爭之勢轉化為財富資源，寓意為肖蛇者化解紛爭、增補財庫。麒麟，為傳統文化中象徵吉祥太平、幸福富貴的瑞獸，寓意為肖蛇者在本命年中平安順遂，財源不絕。

▼ 肖蛇男手鏈

▼ 肖蛇女手鏈

吊墜：富庫進賀

易祈吉祥以丑土、仙鶴為肖蛇者二〇二五年吉祥吊墜的護歲元素。丑土，為巳火之財庫，且半合巳火，能引泄歲君比肩相爭之勢轉化為財富資源，寓意為肖蛇者化解紛爭、增補財庫。仙鶴，為傳統文化中象徵吉祥長壽、品性高潔的瑞鳥，寓意能蔭護肖蛇者在本命年裏身體安康，富貴吉祥。

▲ 肖蛇吊墜

肖馬者乙巳增運法物

手鏈：天相興官

易祈吉祥以壬水、天相星為肖馬者二〇二五年吉祥手鏈的旺歲元素。壬水，應象為午火之官星，能助午馬人制住歲星劫財，增強官祿貴氣，寓意肖馬者官祿亨通，謀業可成。天相星，屬壬水，化氣為印，為司掌文祿、爵祿、權位的官祿主，寓意庇護肖馬者在新的一年裏青雲直上，福祿連連。

▼ 肖馬男手鏈

▼ 肖馬女手鏈

吊墜：靈芝安康

易祈吉祥以壬水、靈芝為肖馬者二〇二五年吉祥吊墜的護歲元素。壬水，應象為午火之官星，能助午馬人制住歲星劫財，增強官祿貴氣，寓意肖馬者官祿亨通，謀業可成。靈芝，象徵吉祥長壽，在傳統文化中被視為長生不老的「仙草」，寓意肖馬者新年吉順，幸福安康。

▲ 肖馬吊墜

肖羊者乙巳增運法物

手鏈：太陰潤利

易祈吉祥以癸水、太陰星為肖羊者二〇二五年吉祥手鏈的旺歲元素。癸水，靈動機智、潤養萬物，為未土之財星，可解火炎土燥之流年時弊，寓意肖羊者本年際遇變佳，財祿豐盈。太陰星，為水之精髓，屬癸水，為田宅主、財帛主，寓意肖羊者事業發展順遂得利，人宅興安。

▼ 肖羊男手鏈

▼ 肖羊女手鏈

吊墜：蟠桃獻頌

易祈吉祥以癸水、蟠桃為肖羊者二〇二五年吉祥吊墜的護歲元素。癸水，靈動機智、潤養萬物，為未土之財星，可解火炎土燥之流年時弊，寓意肖羊者本年際遇變佳，財祿豐盈。蟠桃，在傳統文化中寓意著吉祥、長壽、豐收、富足，寓意肖羊者在新的一年裏生活富庶，安康無憂。

▲ 肖羊吊墜

肖猴者乙巳增運法物

手鏈：八白順裕

易祈吉祥以辰土、八白星為肖猴者二〇二五年吉祥手鏈的旺歲元素。辰土，能生合申金，為肖猴者抵擋財官的消耗、消解燥火克金的壓力，為肖猴者增旺事業功名與貴人助緣。八白星，為大財星，其性屬土，能生扶申金，旺田宅發丁財，寓意肖猴者在新的一年裏時運昌隆，丁財皆旺。

▼ 肖猴男手鏈

▼ 肖猴女手鏈

吊墜：壽星佑祥

易祈吉祥以辰土、角亢二宿為肖猴者二〇二五年吉祥吊墜的護歲元素。辰土，能生合申金，為肖猴者抵擋財官的消耗、消解燥火克金的壓力，為肖猴者增旺事業功名與貴人助緣。角亢二宿，因列宿之長，被視為壽星，源於《爾雅·釋天》：「壽星，角亢也」，寓意肖猴者得瑞氣護體，身康體健。

▲ 肖猴吊墜

肖雞者乙巳增運法物

手鏈：錦鯉躍貴

易祈吉祥以癸水、錦鯉為肖雞者2025年吉祥手鏈的旺歲元素。癸水，為酉之食神，代表食祿、福壽與才華，能助巳酉半拱的金局流通水氣，引動肖雞者今年的發展機遇，帶來福祿財源。錦鯉，象徵好運、吉祥、富貴、成功，寓意肖雞者如錦鯉躍龍門，成就不凡，所願皆所得。

▼ 肖雞男手鏈

▼ 肖雞女手鏈

吊墜：龍龜聚福

易祈吉祥以癸水、龍龜為肖雞者二〇二五年吉祥吊墜的護歲元素。癸水，為酉之食神，代表食祿、福壽與才華，能助巳酉半拱的金局流通水氣，引動肖雞者今年的發展機遇，帶來福祿財源。龍龜，有鎮繳擋厄、長壽吉祥、吸納福祿的寓意，寓意為肖雞者在新的一年裏聚福解患，廣納財祿。

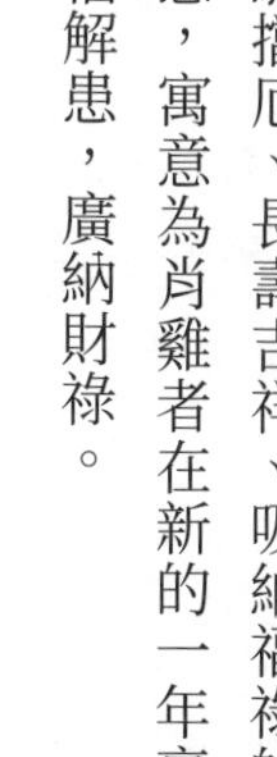

▲ 肖雞吊墜

肖狗者乙巳增運法物

手鏈：魁星顯榮

易祈吉祥以癸水、一白星為肖狗者二〇二五年吉祥手鏈的旺歲元素。癸水，為戊土之財星，能潤解戊土收納歲火入庫的燥烈之氣，將為肖狗者帶來全新的變化、有利的機遇與財源福祿。一白星，為財官星、魁星，可催官利貴、提升事業功名，寓意為肖狗者招引功名和富貴，事業前途向好發展。

▼ 肖狗男手鏈

▼ 肖狗女手鏈

吊墜：福澤連綿

易祈吉祥以癸水、蓮花為肖狗者二〇二五年吉祥吊墜的護歲元素。癸水，為戊土之財星，能潤解戊土收納歲火入庫的燥烈之氣，將為肖狗者帶來全新的變化、有利的機遇與財源福祿。蓮花，為水生名花，代表清雅高潔、智慧圓融、和諧美滿，寓意肖狗者在新的一年裏和順安康，好運連連。

▲ 肖狗吊墜

肖豬者乙巳增運法物

手鏈：六白通達

易祈吉祥以酉金、六白星為肖豬者二〇二五年吉祥手鏈的旺歲元素。酉金，為亥水之正印星，能與歲星巳火半合金局來生扶亥水，解去巳亥相沖之患，寓意肖豬者得貴人惠助，否極泰來。六白星，屬金，亦能生扶亥水，寓意能守護肖牛者身心安康，為其帶來八方助益，順利發展。

吊墜：酉印益康

易祈吉祥以酉金、白海螺為肖豬者二〇二五年吉祥吊墜的護歲元素。酉金，為亥水之正印星，能與歲星巳火半合金局來生扶亥水，解去巳亥相沖之患，寓意肖豬者得貴人惠助，否極泰來。白海螺，象徵和平、吉祥、豐饒富足、聲名遠揚，寓意肖豬者本年名利雙收，身心康泰。

▼ 肖豬男手鏈

▼ 肖豬女手鏈

▲ 肖豬吊墜

肖鼠者乙巳增運法物

手鏈：玉堂尊印

易祈吉祥以申金、印璽為肖鼠者二〇二五年吉祥手鏈的旺歲元素。申金，為子水之正印星，能生合子水使其不受流年木火耗泄，寓意肖鼠者多得貴人幫身及資源扶助，功名可期。印璽，象徵手握大權力、地位尊貴、擁有名氣與財富，寓意肖鼠者在新的一年步步高升，春風得意。

▼ 肖鼠男手鏈

▼ 肖鼠女手鏈

吊墜：印祝歲安

易祈吉祥以申金、稻穗為肖鼠者二〇二五年吉祥吊墜的護歲元素。申金，為子水之正印星，能生合子水使其不受流年木火耗泄，寓意肖鼠者多得貴人幫身及資源扶助，功名可期。稻穗，象徵收穫、富饒、繁榮，「穗」與「歲」同音，亦象徵平安，寓意肖鼠者在新的一年裏生活安樂，充滿希望。

▲ 肖鼠吊墜

肖牛者乙巳增運法物

手鏈：金爵引祿

易祈吉祥以庚金、青銅爵為肖牛者二〇二五年吉祥手鏈的旺歲元素。庚金，為丑土之傷官，能合住年干乙木，保護丑土免受其所克，以食傷合殺來博取名利，可護助肖牛者催發財祿富貴。青銅爵，為象徵權力、身份和地位的吉祥禮器，寓意肖牛者在新的一年裏加官進爵，前途光明。

▼ 肖牛男手鏈

▼ 肖牛女手鏈

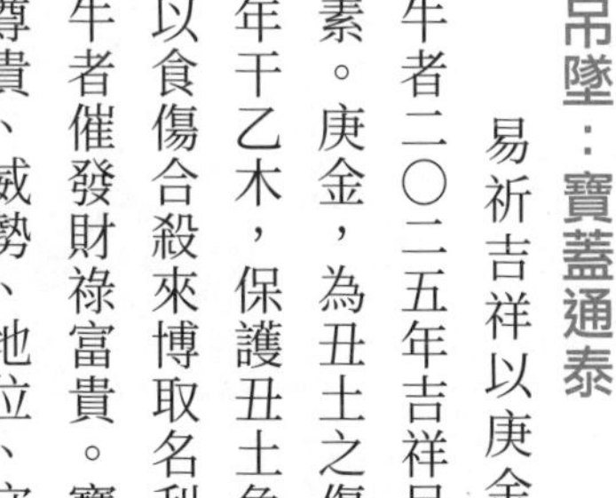

吊墜：寶蓋通泰

易祈吉祥以庚金、寶蓋為肖牛者二〇二五年吉祥吊墜的護歲元素。庚金，為丑土之傷官，能合住年干乙木，保護丑土免受其所克，以食傷合殺來博取名利，可護助肖牛者催發財祿富貴。寶蓋，被視作尊貴、威勢、地位、守護安寧的象徵，寓意肖牛者本年謀望順成，安泰常持。

▲ 肖牛吊墜

肖虎者乙巳增運法物

手鏈：財帛豐庫

易祈吉祥以丑土、金庫為肖虎者二〇二五年吉祥手鏈的旺歲元素。丑土，為寅木之正財星、天乙貴人，能合泄歲星巳火，消解寅巳相刑，寓意肖虎者本年貴人多助、殷實富足。金庫，為儲存金銀財寶之府庫，正應丑土金庫，象徵積金累玉、家財萬貫，寓意肖虎者在新的一年裏事業亨通，日進斗金。

▼ 肖虎男手鏈

▼ 肖虎女手鏈

吊墜：天乙應瑞

易祈吉祥以丑土、天乙貴人為肖虎者二〇二五年吉祥吊墜的護歲元素。丑土，為寅木之正財星、天乙貴人，能合泄歲星巳火，消解寅巳相刑，寓意肖虎者本年貴人多助、殷實富足。天乙貴人，為「遇之則榮，功名早達，官祿易進，逢凶化吉」的吉讖，寓意肖虎者流年吉星高照，諸事順遂。

▲ 肖虎吊墜

肖兔者乙巳增運法物

手鏈：天府進寶

易祈吉祥以戌土、天府星為肖兔者二〇二五年吉祥手鏈的旺歲元素。戌土，為與卯木六合之財星，又為火庫，能收化歲星火勢轉為卯兔者的財富，為肖兔者帶來財利榮祿。天府星，屬土，為庫星、祿庫，主司官祿、財帛、田宅，代表財富與資源，寓意肖兔者在新的一年財物資源充足，耕耘有成。

▼ 肖兔男手鏈

▼ 肖兔女手鏈

吊墜：天梁蔭元

易祈吉祥以戌土、天梁星為肖兔者二〇二五年吉祥吊墜的護歲元素。戌土，為與卯木六合之財星，又為火庫，能收化歲星火勢轉為卯兔者的財富，為肖兔者帶來財利榮祿。天梁星，屬土，主壽，為蔭星，有解厄制化、延壽、呈祥之功，寓意肖兔者在新的一年承天之祐，百事大吉。

▲ 肖兔吊墜

肖龍者乙巳增運法物

手鏈：申合財源

易祈吉祥以申金、金輪寶為肖龍者二〇二五年吉祥手鏈的旺歲元素。申金，為辰土之食神，跟辰土與巳火歲星皆為相合，引發肖龍者的智慧才幹與創造力，帶來貴人助力，增加財源與成功的際遇。金輪寶，代表順心如意、心想事成、吉慶幸運，寓意肖龍者新年謀業順遂，諸事吉祥如意。

▼ 肖龍男手鏈

▼ 肖龍女手鏈

吊墜：食神送福

易祈吉祥以申金、福神為肖龍者二〇二五年吉祥吊墜的護歲元素。申金，為辰土之食神，跟辰土與巳火歲星皆為相合，引發肖龍者的智慧才幹與創造力，帶來貴人助力，增加財源與成功的際遇。福神，象徵迎福納祥，五福臨門，寓意肖龍者在新的一年福氣升騰，諸事順心。

▲ 肖龍吊墜

九運寶盒

以上十二組生肖法物，均可配搭「九運寶盒」擺件，通過風水之力，將化解增運之功效催至最大。以古法琉璃三足圓鼎為器，含藏陰陽太極、北斗七星、河圖洛書、爻象、銅錢、如意、葫蘆、三昧真火、祝福函文、吉祥紋印、硃砂、流年特製開運珠子、黃水晶、白水晶等元素，並客製化指導擺放方位及用方式，綜合運用周易趨吉避厄之法，最大限度地調節命主八字原局。

▲ 九運寶盒

泰歲印

太歲星君掌流年順逆否泰之權力，而六十甲子太歲星君，歸斗姆元君統禦，斗姆元君以「金印」為發號施令之法器，故「泰歲印」的法器意涵來源於此。無論你本年是生肖方面出現犯太歲問題，或是八字原局地支出現了刑沖破害，均可通過「泰歲印」來將問題降到最低。願敬天祈禳，以仁存心，以誠召福。

◀ 泰歲印

十二生肖本命增運手寶

在傳統道教文化中，十二生肖皆有本命專屬的北斗星君。北斗七星君乃造化之樞機，人神之主宰，有回生注死之功，消災度厄之力。凡人性命五體，悉屬本命星官主掌。自古以來，誠心拜斗敬奉可得本命星君庇佑，消災解厄，祛病延生，是故易祈吉祥採用古法琉璃的非遺技藝，融入十二生肖本命星君之秘諱符文、葫蘆、麒麟、祥雲、如意等吉祥元素，特製十二生肖本命增運手寶，以供諸位福主請福延生，護持歲運安泰順遂，遠離諸禍不順。

肖鼠者：北斗第壹陽明貪狼太星君－增運手寶
肖牛者：北斗第貳陰精巨門元星君－增運手寶
肖虎者：北斗第三真人祿存貞星君－增運手寶
肖兔者：北斗第四玄冥文曲紐星君－增運手寶
肖龍者：北斗第五丹元廉貞罡星君－增運手寶
肖蛇者：北斗第六北極武曲紀星君－增運手寶
肖馬者：北斗第七天關破軍關星君－增運手寶
肖羊者：北斗第六北極武曲紀星君－增運手寶
肖猴者：北斗第五丹元廉貞罡星君－增運手寶
肖雞者：北斗第四玄冥文曲紐星君－增運手寶

肖狗者：北斗第三真人祿存貞星君、增運手寶

肖豬者：北斗第貳陰精巨門元星君、增運手寶

▲ 增運手寶

十二組生肖手鍊、吊墜、增運手寶、九運寶盒、泰歲印，以及前文章節所提之風水擺件，均有董易奇老師及其命理專業團隊根據周易數理設計，並通過道教祖庭高功法師開光加持而成。

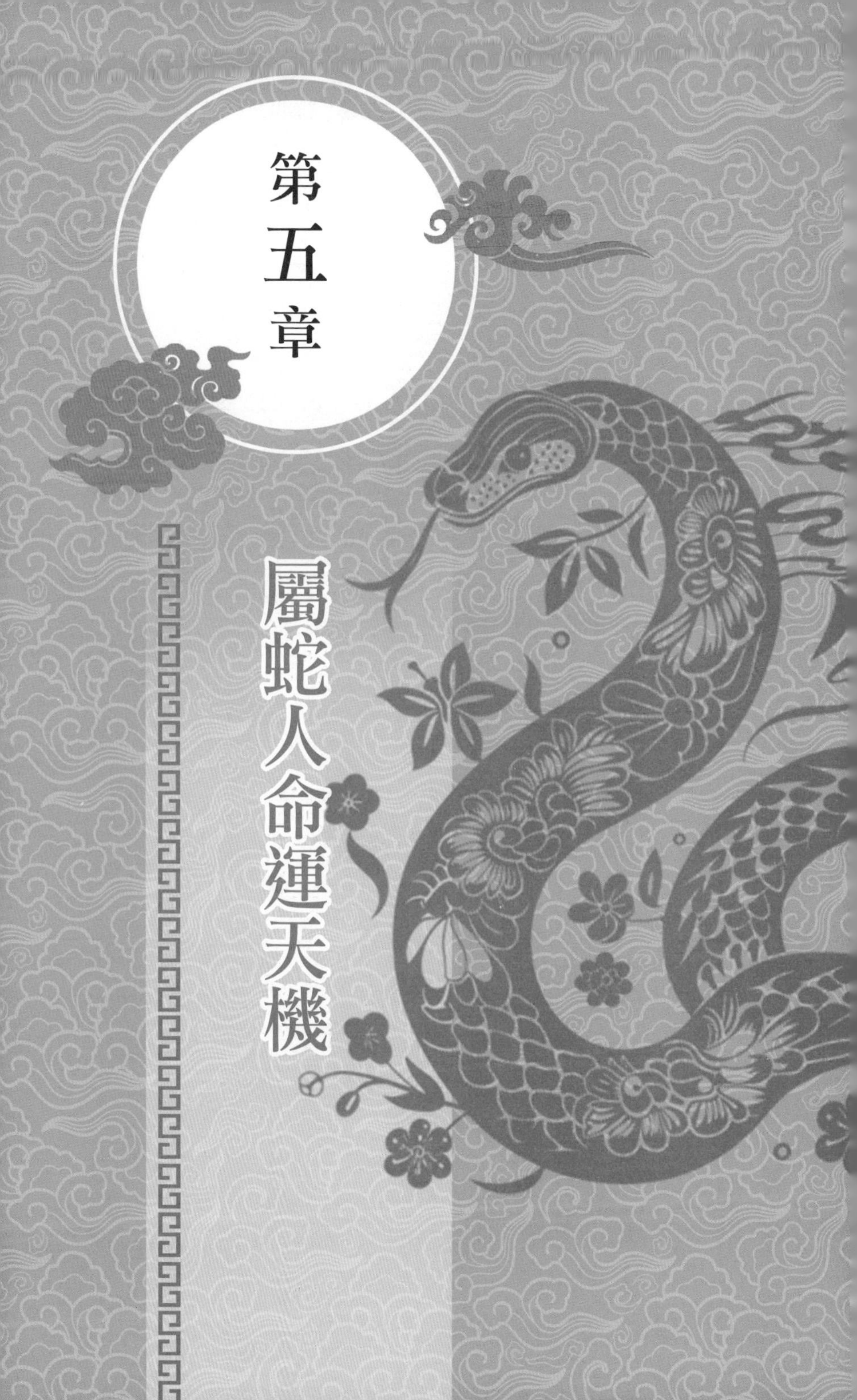
第五章
屬蛇人命運天機

蛇年新生兒起名講究與避忌

西曆 2025 年 2 月 3 日亥時（香港時間 22 時 10 分）為新年的第一個節氣——立春。踏正立春，流年干支才真正轉換為「乙巳」，蛇年的光陰從此算起。由當年立春起，延至次年立春前，這個時間段出生的新生兒，方為肖蛇 BB。那麼對於乙巳年的蛇 BB 來說，在起名方面有什麼講究與避忌呢？

一、選字組名之含義或意象須積極樂觀

乙巳年出生的寶寶，乙為花草之木，巳中含有丙戊庚，丙為陽光，戊為大地，庚為刀劍，其中丙為本氣，戊為中氣，庚為餘氣。乙巳同柱有如乙木向陽，在陽光的照耀之下，花草馥郁芬芳，多姿多彩。因此乙巳年的新生兒性格中多有積極樂觀的特質，能夠隨時隨地發現生活中真善美的領悟。所以家長在擇名的時候，可多採用具有外放、純粹、積極等含義或意象的字詞。

二、選字組名之含義或意象可體現文藝才華及穩定之象

乙為花草之木，秀麗多姿，花香馥郁，有婷婷玉立之美，能讓人更為直觀地感受到表現力和藝術性。在此年出生的蛇 B，日後多在衣著、裝扮方面頗有自我心得，且兼具文藝、運

動等方面的天賦。同時，「巳」為四大驛馬之一，驛馬有走動之象。乙巳的新生兒，無論是在性格上還是生活環境上，易有坐不住、喜變動之象。所以家長在擇名的時候，可以採用一些才藝、才華，或穩定、安穩等含義的字詞。

三、在確定八字喜用神的基礎上，可選用三合生肖之字或部件

巳與酉、丑相合，酉為金，為西，為雞，為鳳，為兌；丑為土，為中，為牛。若喜用神恰好為酉金或丑土，則可嘗試選擇包含「酉」、「丑」、「牛」等部件的字，如「醒」、「生」、「妞」等；亦可嘗試選擇與酉、丑意象相通之字或字根，如「西」、「兌」、「鳳」等。當然，使用這些字之前須確認本人八字原局的五行喜用。

四、注意避免「亥」、「豕」字根的字。

巳為四大驛馬之一，如果遇到亥，形成巳亥驛馬逢沖，變動性特別大，在不考慮格局喜忌的情況下，這種驛馬逢沖易導致既定事情發生急轉直下的變化或者身體健康和安全方面的負面影響。所以家長在擇名的時候，要注意避免含有「亥」字根的字（「豕」亦是亥豬之意）。乳名也儘量不要使用，如千萬不要叫蛇B作「豬豬」、「豬嘜」等。

五、注意避免使用「虎」、「虍」、「寅」

巳蛇與寅虎在地支關係上屬相互刑害，使用與寅虎相關之漢字或部件作名字，則容易讓肖蛇的新生兒日後運途多舛，為禍百端。所以家長在為肖蛇的新生兒擇名時，要注意避免使用含有「虎」、「虍」、「寅」字根的字，如「彪」、「虔」、「演」等皆不適合。

當然，要給新生兒起名，最圓滿的方式當然是根據具體的生辰八字，請專業起名老師來定製。須知「唔怕生壞命，最怕起壞名」，影響寶寶一輩子的事情，怎能兒戲。

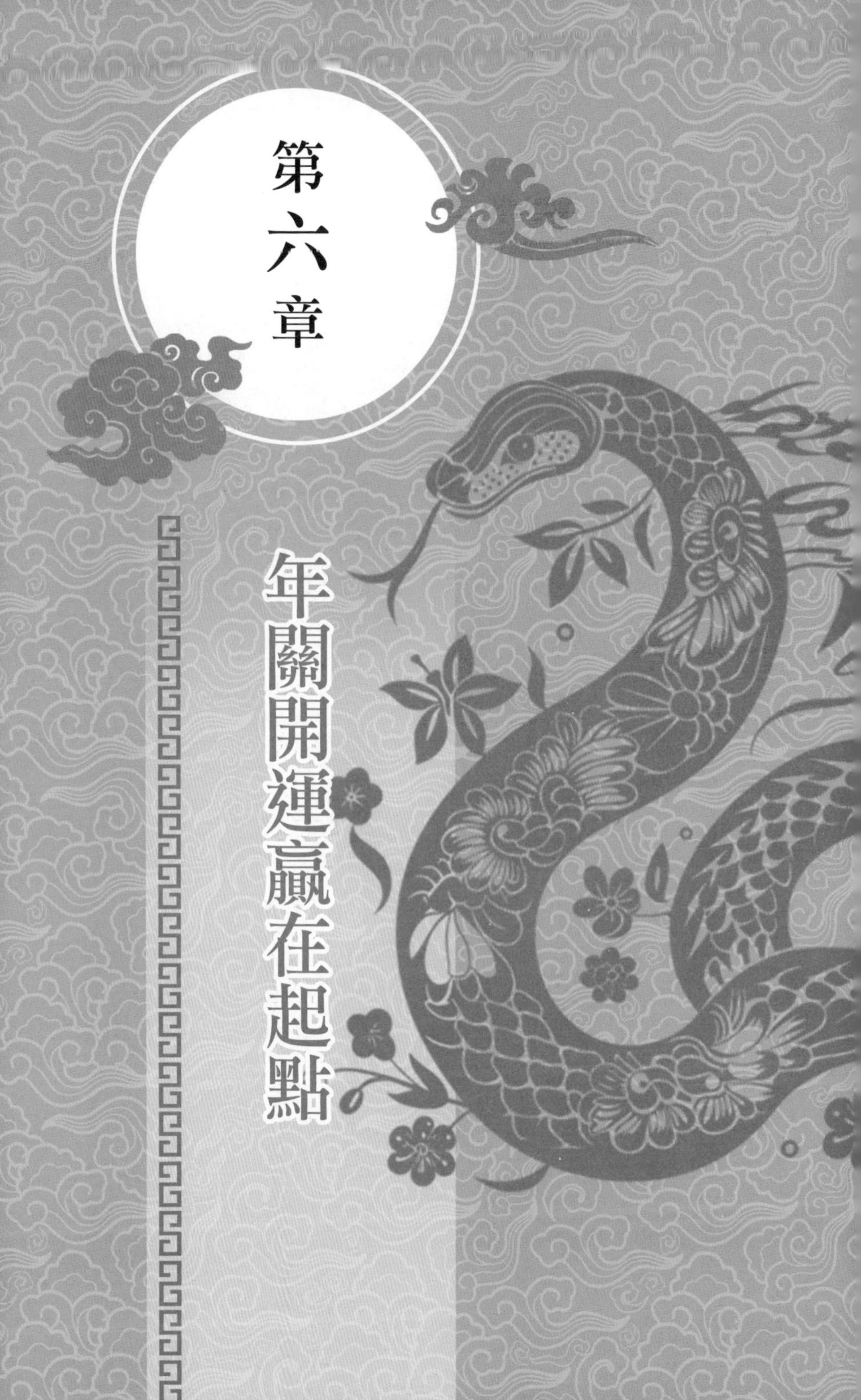

第六章

年關開運贏在起點

年關開運・贏在起點

大掃除習俗

廣東俗語曰：「年廿八，洗邋遢。」臘月大掃除，可將上一年的雜亂宅氣掃清，以清淨的新環境迎接新的一年，新的氣象。而從心理學方面來看，一個人的住所心境，其實也反映着一個人的心境。沒有比乾淨整潔更重要的「風水」了。

在大掃除當日，可用祿柚葉、黃皮葉或七色花瓣來浸在開水之中，放冷之後用此水來清潔家中重要的位置，如神龕、牌位、風水擺件、保險櫃、錢箱等等。

至於大掃除的日子選擇，現代都市人的生活未必日日有空閒，因此，可選通勝之中，挨年近晚標記著「成日」、「除日」的日子，只要該日與主人的生肖沒有犯沖即可。如本年的年廿八已經是除夕日，因此大掃除可提前幾日了。可選：

西曆	農曆	星期	干支	建除	沖
1月21日	十二月廿二日	二	庚寅	除日	猴
1月24日	十二月廿五日	五	癸巳	定日	豬
1月25日	十二月廿六日	六	甲午	執日	鼠
1月27日	十二月廿八日	一	丙申	危日	虎

家居佈置習俗

過年期間的家居佈置，可注意以下方面：

年花擺放——行花街買年花，可謂是廣東必備年俗，但擺年花也須注意，一是不可將花卉擺在流年的二黑、五黃、七赤之位，以免激起五行交戰，適得其反；二是不可購買不適宜的植物，如帶刺的仙人掌、玫瑰、劍蘭、菊花等。保守的水仙、桃花、牡丹、月季、五代同堂、發財樹等，是最優選擇。

揮春張貼——如若恰好你的入戶大門開在五黃二黑（今年二黑在中宮，五黃在東北）之位，那麼今年不貼好過貼。揮春中的文字內容，因儘量避免與今年生肖相沖、與今年太歲大將軍名諱相同的用字。如因寅巳申三刑，巳亥六沖，所以今年的揮春，用字不宜有「虎」、「猴」、「豬」、字，以及帶有「寅」、「巳」、「申」、「亥」等偏旁部件的字。此外，揮春並非貼足全年的，只要過了元宵，即可將揮春撕下來了。

風水擺件的擺放——不同生肖及八字的人士，在請夠了定製的風水擺件之後，原則上可選擇「成日」、「定日」、「開日」等好日子將擺件放置好。但最佳的做法，還是聯繫專業師傅，根據你個人的八字，選擇特定的日子與時辰，指導擺放，才能達到最佳效果。

迎財神習俗

本年的大年初一喜神在東南方，財神在正北方，貴神在東北方。

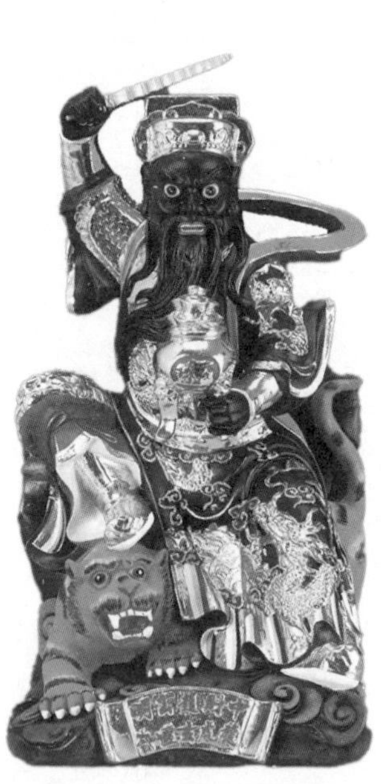

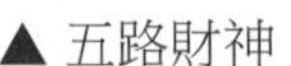

▲ 五路財神

最佳上香時間：

吉日	星期	吉時
農曆正月初一 西曆二〇二五年一月二十九日	三	首選：寅時（凌晨三時至五時） 次吉：巳時（早上九時至早上十一時）

迎財神的儀式，若家中已有供奉神龕，則直接在神台上供奉；若無神龕，可在露台或客廳。

身心清靜：洗澡、洗面、刷牙，換上整潔的新衣服。信仰佛教或道教的人士，可默唸自己門派版本的淨口神咒、淨心神咒、淨身神咒、安土地神咒等。

神台物料：沉香三枝、紅蠟燭一對、清水一杯、茶杯五枚、酒杯五枚、水果若干（五個一組）、五色豆一份、糖果膏餅若干、花卉若干、財神衣包一份（請衣紙鋪執好即可）。

面向財神方向上香，拜三拜，虔心說吉祥祝福語即可。

開工開市習俗

乙巳年開市吉日：

西曆	農曆	星期	干支	建除	沖
1月30日	正月初二日	四	己亥	開日	蛇
2月6日	正月初九日	四	丙午	定日	鼠
2月7日	正月初十日	五	丁未	執日	牛
2月9日	正月十二日	日	己酉	危日	兔

開市當天，主事人應來到現場，在吉時將全公司（或各類部門、機構等）的電器重新啟動。打工人士亦可在此時清理自己的座位桌子，重啟自己的電腦設備。

商家於當天在公司招牌掛上紅色綢帶，門口掛上各類吉祥話語，如「開工大吉」、「生意興隆」、「財源廣進」等。開市當日切記不要處理財務或人事事宜，可相互祝福，亦可發出祝福的電郵或信息給客戶。

若有拜神儀式，則儘量選擇上午辰巳時辰進行。商家可在店鋪大門之外擺上供桌，除了如前文所提拜財神類似的香花燭果水茶酒之外，水果可準備蘋果、菠蘿、火龍果、香蕉等；三牲則選擇乳豬、全雞、全魚，雞在左邊，魚在右邊，乳豬放中間。金銀衣紙則請衣紙鋪人士代為準備即可。若備有手拉彩花禮炮，則可備下十八筒，或三十六筒，或七十二筒，在祭拜完畢之後拉響。

第七章

乙巳蛇年通勝

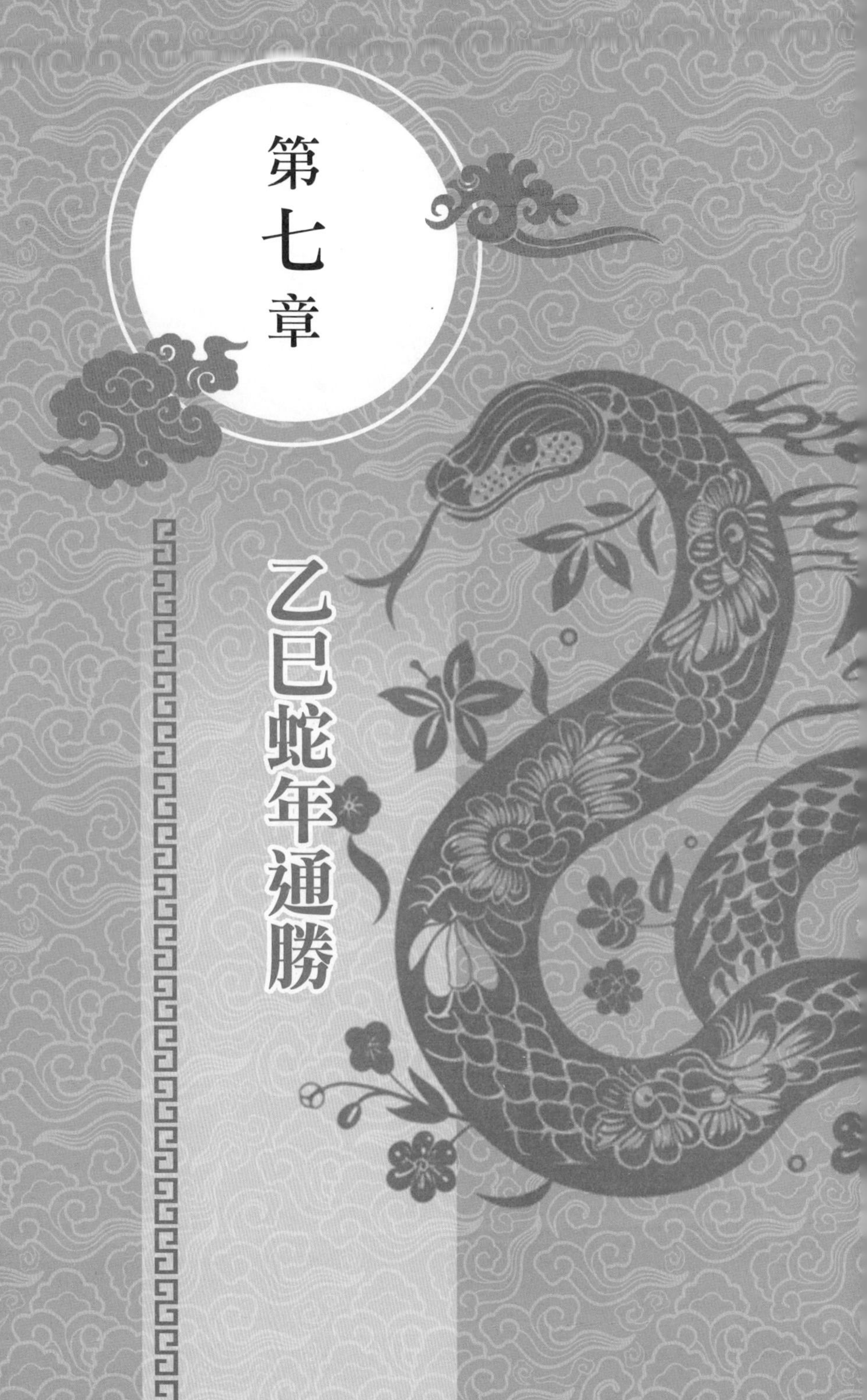

西曆月日	農曆	星期	干支	建星	宜	忌	財位	是日吉時	沖
1/29	農曆年初一	日	戊戌	收	祈福 納財 捕獵 修造 求嗣 齋醮	起造 開市 移徙 入學 交易 破土 造葬 安床 開倉 開井 動土 安葬	正北	子平丑吉寅凶卯吉 辰凶巳平午吉未凶 申吉酉平戌凶亥平	龍
1/30	農曆年初二	一	己亥	開	祈福 入學 安床 交易 求醫 造倉 齋醮 求嗣 納財	破土 上蓋 裁衣 開倉 安門 上樑	正北	子平丑平寅吉卯平 辰吉巳平午凶未吉 申凶酉吉戌吉亥凶	蛇
1/31	農曆年初三	二	庚子	閉	祈福 祭祀 築隄 安葬 造葬 納采 交易 入宅 求醫 求嗣 納財	破土 伐木 架馬 納畜 穿耳洞 經絡	正東	子凶丑吉寅平卯平 辰平巳平午凶未凶 申吉酉吉戌凶亥平	馬
2/1	正月初四	三	辛丑	建	移徙 祈福 上樑 納財 入學 立券 入宅	開倉 開井 破土 訴訟 放水 合醬 修墓 造倉 築隄	正東	子平丑吉寅吉卯吉 辰平巳吉午吉未凶 申吉酉凶戌凶亥吉	羊

時辰對照表

時辰	時間
子時	23:00 至 12:59
丑時	01:00 至 02:59
寅時	03:00 至 04:59
卯時	05:00 至 06:59
辰時	07:00 至 08:59
巳時	09:00 至 10:59
午時	11:00 至 12:59
未時	13:00 至 14:59
申時	15:00 至 16:59
酉時	17:00 至 18:59
戌時	19:00 至 20:59
亥時	21:00 至 22:59

西曆月日	農曆	星期	干支	建星	宜	忌	財位	是日吉時	沖
2 2	正月初五	日	壬寅	除	嫁娶 開光 解除 出火 拆卸 修造 安床	作灶 安葬 祭祀 開市 訂盟 出行 探病	正南	子平丑吉寅吉卯吉 辰平巳平午平未凶 申凶酉平戌凶亥平	猴
2 3	立春	一	癸卯	除	出行 起基 安床 納財 交易 立券 嫁娶	掛匾 入宅 上樑 祈福 詞訟 作樑 作灶	正南	子吉丑平寅吉卯吉 辰平巳平午平未凶 申凶酉凶戌吉亥凶	雞
2 4	正月初七	二	甲辰	滿	開市 交易 立券 納畜 齋醮	訴訟 破土 伐木 起造 架馬 動土 栽種 豎柱 安門 上樑 合醬 修墓	東南	子吉丑吉寅平卯平 辰吉巳平午凶未吉 申凶酉吉戌凶亥凶	狗
2 5	正月初八	三	乙巳	平	平治 安機 納財 納采 動土 入宅 入學	安床 破土 納畜 求醫 開倉 起灶 起造 架馬 造倉 栽種 齋醮	東南	子吉丑吉寅平卯平 辰平巳凶午平未平 申凶酉吉戌吉亥凶	豬
2 6	正月初九	四	丙午	定	祭祀 祈福 修造 入學 納畜 造葬 納采 動土 交易 入宅 納財 造倉	訴訟 安床 起造 豎柱 伐木 架馬 經絡	正西	子凶丑平寅平卯平 辰凶巳吉午吉未平 申凶酉吉戌吉亥凶	鼠
2 7	正月初十	五	丁未	執	赴任 開市 祭祀 祈福 立券 捕獵 捕捉 動土 造葬 納采 交易 栽種	成服 除服 求醫 納財 剃頭	正西	子平丑凶寅平卯凶 辰平巳吉午吉未吉 申凶酉吉戌平亥凶	牛
2 8	正月十一	六	戊申	破	求醫 解除 訴訟 祈福 出行 移徙 造葬 栽種 修墓	月破日 百事忌 除求醫外 宜事少取	正北	子平丑吉寅凶卯平 辰吉巳吉午平未吉 申凶酉平戌平亥凶	虎

西曆月日	2 9	2 10	2 11	2 12	2 13	2 14	2 15
農曆	正月十二	正月十三	正月十四	正月十五	正月十六	正月十七	正月十八
星期	日	一	二	三	四	五	六
干支	己酉	庚戌	辛亥	壬子	癸丑	甲寅	乙卯
建星	危	成	收	開	閉	建	除
宜	祭祀 祈福 安床 破土 齋醮 求嗣 納采 造葬 修造 安葬 修墓	交易 開倉 立券 豎柱 入學 造葬 祈福 齋醮 納財 捕獵 祭祀 開光	納財 捕獵 納采 納畜 造倉 求嗣 齋醮 立券 栽種	動土 移徙 赴任 入學 安床 交易 豎柱 出行 求醫 齋醮 納畜 栽種	築隄 求醫 納采 求嗣 造葬 齋醮 放水 起灶	祈福 上樑 納財 入學 立券 齋醮 求嗣 交易 入宅	祭祀 祈福 齋醮 解除 沐浴 除服 求醫 破屋 交易 納財 納采 入學
忌	起造 移徙 入宅 出行 行船 訴訟 架馬 開倉 造倉 裁衣 納財	受死日 百事忌 除捕獵外 宜事少取	入學 破土 安床 開倉 開井 安門 伐木 針灸 架馬 解除 破屋 裁衣	破土 訴訟 伐木 針灸 架馬 解除 破屋 裁衣	出行 開井 動土 架馬 開倉 造倉 納畜 穿耳洞 解除 破屋 移徙 訴訟	移徙 安葬 開倉 開井 破土 訴訟 安床 合醬 修墓 造倉 築隄 探病	起造 進人口 納畜 裁衣 栽種 開井 豎柱 伐木 架馬 經絡 捕獵 探病
財位	正北	正東	正東	正南	正南	東南	東南
是日吉時	子吉丑凶寅平卯凶 辰吉巳吉午吉未吉 申凶酉平戌平亥凶	子凶丑吉寅平卯平 辰凶巳平午吉未吉 申凶酉平戌凶亥凶	子平丑吉寅吉卯吉 辰平巳凶午吉未吉 申凶酉凶戌吉亥凶	子吉丑吉寅吉卯吉 辰吉巳吉午凶未吉 申凶酉平戌平亥凶	子吉丑吉寅平卯平 辰吉巳吉午平未凶 申凶酉吉戌吉亥凶	子平丑平寅吉卯平 辰吉巳平午凶未吉 申凶酉吉戌吉亥凶	子平丑平寅吉卯吉 辰平巳凶午平未吉 申凶酉凶戌吉亥凶
沖	兔	龍	蛇	馬	羊	猴	雞

西曆月日	農曆	星期	干支	建星	宜	忌	財位	是日吉時	沖
2 16	正月十九	日	丙辰	滿	入宅 開市 交易 立券 納畜 納采	伐木 起造 架馬 栽種 豎柱 安門 上樑 放水 破土 修墓 築隄	正西	子凶丑凶寅吉卯凶 辰吉巳吉午凶未凶 申凶酉吉戌凶亥吉	狗
2 17	正月二十	一	丁巳	平	平治 安機 納財 移徙 納采 入宅 開光	安床 破土 納畜 求醫 安葬 起造 架馬 造倉 放水 剃頭 齋醮	正西	子凶丑吉寅凶卯凶 辰吉巳凶午吉未吉 申凶酉凶戌吉亥凶	豬
2 18	雨水	二	戊午	定	祭祀 祈福 修造 入學 納畜 上樑 造葬 納采 動土 交易 納財 造倉	起造 訴訟 安床	正北	子凶丑吉寅凶卯吉 辰凶巳凶午吉未凶 申凶酉吉戌凶亥凶	鼠
2 19	正月廿二	三	己未	執	祭祀 祈福 立券 捕獵 捕捉 動土 納采	移徙 出行 入宅 成服 除服 求醫 納財 上蓋 裁衣	正北	子凶丑凶寅吉卯吉 辰凶巳吉午凶未凶 申凶酉凶戌吉亥吉	牛
2 20	正月廿三	四	庚申	破	求醫 解除 訴訟 祈福 合壽木 造葬 納采 交易 起灶 修墓	月破日 百事忌 除求醫外 宜事少取	正東	子吉丑吉寅凶卯凶 辰吉巳吉午凶未吉 申凶酉凶戌吉亥凶	虎
2 21	正月廿四	五	辛酉	危	修造 動土 安葬 祭祀 祈福 安床 破土 齋醮 求嗣 合壽木 納采 造葬	行船 訴訟 起造 架馬 納財 開倉 造倉 合醬 嫁娶	正東	子吉丑凶寅吉卯凶 辰凶巳凶午吉未吉 申凶酉吉戌凶亥凶	兔
2 22	正月廿五	六	壬戌	成	開市 修造 安葬 破土 交易 開倉 立券 入學 造葬 齋醮 納財 捕獵	受死日 百事忌 除捕獵外 宜事少取	正南	子凶丑凶寅吉卯凶 辰凶巳吉午凶未凶 申凶酉吉戌凶亥吉	龍

西曆月日	農曆	星期	干支	建星	宜	忌	財位	是日吉時	沖
2 23	正月廿六	日	癸亥	收	納財 捕獵 修造 入宅 出行 納采 動土 納畜 造倉 求嗣 齋醮 立券	移徙 安葬 入學 破土 安床 開倉 開井 安門 伐木 針灸 架馬 解除	正南	子平丑平寅吉卯吉 辰吉巳凶午吉未凶 申凶酉平戌吉亥凶	蛇
2 24	正月廿七	一	甲子	開	動土 入學 安床 交易 豎柱 出行 求醫 納畜 造倉 齋醮 栽種 求嗣	移徙 破土 訴訟 伐木 針灸 架馬 解除 破屋 開倉 栽衣	東南	子吉丑吉寅吉卯平 辰吉巳平午凶未吉 申凶酉平戌平亥凶	馬
2 25	正月廿八	二	乙丑	閉	築隄 求醫 納采 求嗣 造葬 齋醮 交易 入宅	開井 架馬 開倉 造倉 納畜 穿耳洞 上蓋 起灶 裁衣 解除 破屋	東南	子吉丑吉寅吉卯吉 辰平巳凶午平未凶 申凶酉吉戌平亥凶	羊
2 26	正月廿九	三	丙寅	建	祈福 上樑 納財 入學 立券 交易 入宅 齋醮 求嗣	開井 破土 安床 起灶 修墓 造倉 築隄	正西	子吉丑平寅平卯吉 辰凶巳平午吉未平 申凶酉吉戌平亥凶	猴
2 27	正月三十	四	丁卯	除	赴任 祭祀 祈福 齋醮 解除 沐浴 除服 求醫 破屋 開市 交易 納財	進人口 納畜 剃頭 開井 合醬 捕獵	正西	子平丑平寅吉卯凶 辰平巳吉午吉未吉 申凶酉凶戌平亥凶	雞
2 28	二月初一	五	戊辰	滿	開市 交易 立券 納畜 納采 齋醮	伐木 起造 架馬 動土 栽種 豎柱 安門 上樑 破土 修墓 築隄	正北	子平丑吉寅凶卯吉 辰平巳吉午平未吉 申凶酉吉戌凶亥凶	狗
3 1	二月初二	六	己巳	平	平治 安機 納財 納采	移徙 安葬 安床 破土 納畜 求醫 開倉 起灶 起造 架馬 造倉 放水	正北	子吉丑凶寅吉卯平 辰平巳平午吉未吉 申凶酉平戌平亥凶	豬

西曆月日	農曆	星期	干支	建星	宜	忌	財位	是日吉時	沖
3 2	二月初三	日	庚午	定	祭祀 祈福 入學 納畜 上樑 納采 交易 入宅 納財 起灶 栽種 解除	訴訟 安床 起造 經絡 合醬 築隄 探病	正東	子凶丑吉寅吉卯平 辰平巳平午吉未吉 申凶酉吉戌凶亥凶	鼠
3 3	二月初四	一	辛未	執	嫁娶 赴任 開市 安葬 祭祀 祈福 立券 捕獵 捕捉 動土 納采 造葬	成服 除服 求醫 納財 合醬 豎柱 伐木 架馬 經絡 裁衣	正東	子平丑凶寅吉卯吉 辰平巳吉午吉未平 申凶酉凶戌平亥凶	牛
3 4	二月初五	二	壬申	破	求醫 動土 齋醮 解除 訴訟 祈福 移徙 修墓	月破日 百事忌 除求醫外 宜事少取	正南	子吉丑吉寅凶卯吉 辰吉巳吉午平未吉 申凶酉吉戌平亥凶	虎
3 5	驚蟄	三	癸酉	破	求醫 入學 納財 造葬 修墓	月破日 百事忌 除求醫外 宜事少取	正南	子吉丑吉寅吉卯凶 辰吉巳吉午平未凶 申吉酉凶戌平亥凶	兔
3 6	二月初七	四	甲戌	危	破土 納采 交易 齋醮	行船 訴訟 成服 除服 求醫 造器皿 解除 破屋 安葬 合醬	東南	子平丑吉寅吉卯吉 辰凶巳吉午凶未吉 申平酉凶戌平亥凶	龍
3 7	二月初八	五	乙亥	成	動土 移徙 開市 交易 開倉 立券 豎柱 納畜 入學 納采 造倉 祈福	訴訟 伐木 針灸 架馬 安門	東南	子吉丑吉寅吉卯吉 辰平巳凶午平未吉 申平酉凶戌平亥凶	蛇
3 8	二月初九	六	丙子	收	赴任 祈福 納財 造倉 立券	入學 破土 安床 開井 移徙 出行 伐木 針灸 架馬 起灶 上樑 行船	正西	子吉丑吉寅平卯平 辰凶巳吉午凶未平 申平酉凶戌吉亥凶	馬

西曆月日	農曆	星期	干支	建星	宜	忌	財位	是日吉時	沖
3 9	二月初十	日	丁丑	開	祈福 動土 入學 修造 安床 交易 豎柱 求醫 造葬 納采 入宅	破土 起造 架馬 造倉 納財 裁衣 剃頭	正西	子吉丑平寅平卯凶 辰平巳吉午吉未凶 申平酉凶戌平亥凶	羊
3 10	二月十一	一	戊寅	閉	祈福 築隄 修造 求醫 針灸 入宅 立券 動土 栽種 齋醮 求嗣 納采	進人口	正北	子平丑吉寅凶卯吉 辰吉巳吉午吉未吉 申凶酉凶戌平亥凶	猴
3 11	二月十二	二	己卯	建	移徙 赴任 入宅 開市 上樑 納財 入學 立券 齋醮 求嗣 交易 納采	開倉 開井 訴訟 起造 裁衣 合醬 造倉 築隄 探病	正北	子吉丑凶寅吉卯吉 辰平巳平午吉未吉 申平酉凶戌平亥凶	雞
3 12	二月十三	三	庚辰	除	解除 沐浴 除服 破屋 納財 捕獵 入宅 放水	受死日 百事忌 除捕獵外 宜事少取	正東	子凶丑吉寅吉卯平 辰吉巳吉午吉未吉 申平酉凶戌凶亥凶	狗
3 13	二月十四	四	辛巳	滿	交易 納財 立券 起灶 求嗣 齋醮 放水	起造 破土 架馬 合醬 修墓 築隄	正東	子平丑吉寅吉卯平 辰平巳吉午吉未吉 申平酉凶戌吉亥凶	豬
3 14	二月十五	五	壬午	平	祭祀 平治 安機 納財 納采 求嗣 祈福 造葬 交易 齋醮 解除 動土	真滅沒日 百事忌 宜事少取	正南	子凶丑吉寅吉卯吉 辰平巳平午平未吉 申凶酉凶戌平亥凶	鼠
3 15	二月十六	六	癸未	定	祭祀 祈福 入學 上樑 出行 納采 交易 入宅 納財 齋醮 求嗣	移徙 安床 架馬 穿耳洞 針灸 裁衣 訴訟 行船 造倉 築隄	正南	子吉丑凶寅吉卯吉 辰平巳吉午吉未凶 申平酉凶戌吉亥凶	牛

西曆月日	農曆	星期	干支	建星	宜	忌	財位	是日吉時	沖
3 16	二月十七	日	甲申	滿	修造 動土 赴任 立券 捕獵 捕捉 開市 交易 求醫 納采 起造 造葬	破屋 安門 放水 開倉 安床	東南	子吉丑吉寅凶卯平 辰吉巳吉午凶未吉 申吉酉凶戌平亥凶	虎
3 17	二月十八	一	乙酉	平	修造 求醫 納采 造葬 納財 開光 修墓	月破日 百事忌 除求醫外 宜事少取	東南	子吉丑吉寅吉卯凶 辰吉巳凶午平未平 申吉酉凶戌平亥凶	兔
3 18	二月十九	二	丙戌	定	破土 納采 動土 交易 齋醮 開倉	安葬 行船 赴任 訴訟 成服 除服 求醫 造器皿 起造 解除 破屋 起灶	正西	子吉丑平寅吉卯吉 辰凶巳吉午平未平 申吉酉凶戌吉亥凶	龍
3 19	二月二十	三	丁亥	執	修造 動土 破土 交易 開倉 出行 立券 栽種 納畜 入學 納采 入宅	訴訟 伐木 針灸 架馬 剃頭 經絡	正西	子平丑吉寅吉卯凶 辰平巳凶午吉未吉 申平酉凶戌吉亥凶	蛇
3 20	春分	四	戊子	破	赴任 祈福 納財 造倉 納采 立券	入學 破土 造葬 安床 開倉 開井 祭祀 動土 伐木 針灸 架馬 栽種	正北	子平丑吉寅凶卯吉 辰吉巳吉午凶未平 申吉酉凶戌平亥凶	馬
3 21	二月廿二	五	己丑	危	祈福 動土 入學 安床 交易 豎柱 求醫 入宅 納采	破土 安葬 起造 架馬 開倉 造倉 納財	正北	子吉丑凶寅吉卯吉 辰平巳吉午平未凶 申吉酉凶戌平亥凶	羊
3 22	二月廿三	六	庚寅	成	祈福 築隄 安葬 修造 求醫 針灸 動土 齋醮 立券 栽種 求嗣 造葬	起造 進人口 經絡	正東	子凶丑吉寅吉卯吉 辰吉巳平午平未平 申凶酉凶戌凶亥凶	猴

西曆月日	農曆	星期	干支	建星	宜	忌	財位	是日吉時	沖
3 23	二月廿四	日	辛卯	建	上樑 納財 入學 立券 齋醮 求嗣 交易 納采 入宅	移徙 開倉 開井 破土 起造 訴訟 上蓋 起灶 裁衣 合醬 修墓 造倉	正東	子平丑平寅吉卯吉 辰平巳吉午吉未平 申平酉凶戌吉亥凶	雞
3 24	二月廿五	一	壬辰	除	解除 沐浴 除服 破屋 納財 捕獵 安葬 開光	受死日 百事忌 除捕獵外 宜事少取	正南	子平丑吉寅吉卯吉 辰平巳吉午平未平 申凶酉凶戌凶亥凶	狗
3 25	二月廿六	二	癸巳	滿	移徙 開市 交易 納財 立券 造葬 起灶 求嗣 齋醮 入宅	起造 架馬 訴訟 合醬 破土 修墓 築隄	正南	子吉丑平寅平卯吉 辰吉巳吉午平未凶 申吉酉凶戌吉亥凶	豬
3 26	二月廿七	三	甲午	平	開市 修造 祭祀 平治 安機 納財 納采 求嗣 祈福 造葬 移徙 入宅	安床 安門 訴訟	東南	子凶丑吉寅吉卯平 辰平巳平午凶未吉 申平酉凶戌平亥凶	鼠
3 27	二月廿八	四	乙未	定	祭祀 祈福 修造 入學 赴任 上樑 造葬 出行 納采 動土 交易 入宅	安床 架馬 穿耳洞 針灸	東南	子吉丑凶寅吉卯吉 辰平巳凶午平未平 申吉酉凶戌吉亥凶	牛
3 28	二月廿九	五	丙申	執	立券 捕獵 捕捉 交易 求醫 納采 起造 造葬 動土 開倉 破土 修墓	真滅沒日 百事忌 宜事少取	正西	子吉丑吉寅凶卯平 辰凶巳吉午平未吉 申吉酉凶戌吉亥凶	虎
3 29	三月初一	六	丁酉	破	求醫 造葬 納采 交易 修墓	月破日 百事忌 除求醫外 宜事少取	正西	子平丑吉寅平卯凶 辰平巳平午吉未吉 申平酉凶戌平亥凶	兔

西曆月日	農曆	星期	干支	建星	宜	忌	財位	是日吉時	沖
3 30	三月初二	日	戊戌	危	破土 納采 動土 交易 齋醮 栽種	移徙 行船 訴訟 成服 除服 求醫 造器皿 解除 破屋 安葬	正北	子平丑吉寅凶卯吉 辰凶巳平午吉未吉 申吉酉凶戌平亥凶	龍
3 31	三月初三	一	己亥	成	修造 動土 破土 交易 開倉 出行 立券 豎柱 栽種 納畜 入學 造倉	訴訟 伐木 針灸 架馬	正北	子吉丑凶寅吉卯吉 辰平巳凶午吉未吉 申吉酉凶戌平亥凶	蛇
4 1	三月初四	二	庚子	收	祈福 納財 齋醮 造倉 立券 納采	安葬 入學 破土 安床 開倉 開井 祭祀 伐木 針灸 架馬 上蓋 起灶	正東	子凶丑吉寅平卯平 辰平巳平午凶未吉 申吉酉凶戌凶亥凶	馬
4 2	三月初五	三	辛丑	開	祈福 入學 安床 交易 豎柱 求醫	移徙 破土 安葬 起造 架馬 開倉 造倉 合醬	正東	子平丑吉寅吉卯吉 辰平巳吉午吉未凶 申吉酉凶戌平亥凶	羊
4 3	三月初六	四	壬寅	閉	修造 動土 移徙 赴任 祈福 築隄 求醫 針灸 入宅 立券 栽種 齋醮	進人口 探病	正南	子平丑吉寅吉卯吉 辰平巳平午平未吉 申凶酉凶戌吉亥凶	猴
4 4	清明節	五	癸卯	閉	築隄 針灸 納采 納財 起造 栽種 入宅 破土 修墓	移徙 納畜 訴訟 起灶 開井 合醬 齋醮	正南	子吉丑平寅吉卯吉 辰平巳平午平未凶 申平酉凶戌凶亥凶	雞
4 5	三月初八	六	甲辰	建	祈福 上樑 納財 入學 立券 交易 栽種	移徙 開倉 開井 破土 成服 除服 求醫 伐木 起造 架馬 動土 修墓	東南	子吉丑吉寅平卯平 辰吉巳平午凶未吉 申平酉吉戌凶亥凶	狗

西曆月日	4/6	4/7	4/8	4/9	4/10	4/11	4/12
農曆	三月初九	三月初十	三月十一	三月十二	三月十三	三月十四	三月十五
星期	日	一	二	三	四	五	六
干支	乙巳	丙午	丁未	戊申	己酉	庚戌	辛亥
建星	除	滿	平	定	執	破	危
宜	嫁娶 入宅 開市 安葬 齋醮 沐浴 除服 求醫 修造 破屋 起灶 立券	交易 納財 立券 移徙 出行 開倉 造葬 齋醮 裁衣 開光 安葬 納采	平治 安機 納采 動土 開倉 修墓	祭祀 祈福 入學 納畜 造葬 動土 交易 納財 放水 修墓	祭祀 祈福 立券 捕捉 納采 交易 求醫 齋醮 放水 修墓	修造 求醫 祈福 造葬 納采 開市 祭祀 齋醮 求嗣 解除	開市 修造 祭祀 祈福 安床 破土 納畜 造倉 納財 齋醮 捕獵 入學
忌	起造 架馬 開倉 破屋 裁衣 上樑 豎柱 伐木 經絡	入宅 訴訟 起造 破屋 起灶 築隄	赴任 起造 開市 移徙 入宅 安床 解除 破屋 裁衣 剃頭 合醬	栽種 起造 安床 上蓋 起灶 裁衣	移徙 起造 架馬 開倉 造倉 栽種 納畜	月破日 百事忌 除求醫外 宜事少取	受死日 百事忌 除捕獵外 宜事少取
財位	東南	正西	正西	正北	正北	正東	正東
是日吉時	子吉丑吉寅平卯平 辰平巳凶午平未平 申吉酉吉戌凶亥凶	子凶丑平寅平卯平 辰凶巳吉午吉未平 申吉酉吉戌凶亥凶	子平丑凶寅平卯凶 辰平巳吉午吉未吉 申平酉吉戌凶亥凶	子平丑吉寅凶卯平 辰吉巳吉午平未吉 申吉酉平戌凶亥凶	子吉丑凶寅平卯凶 辰吉巳吉午吉未吉 申吉酉平戌凶亥凶	子凶丑吉寅平卯平 辰凶巳平午吉未吉 申吉酉平戌凶亥凶	子平丑吉寅吉卯吉 辰平巳凶午吉未吉 申平酉凶戌凶亥凶
沖	豬	鼠	牛	虎	兔	龍	蛇

西曆月日	農曆	星期	干支	建星	宜	忌	財位	是日吉時	沖
4 13	三月十六	日	壬子	成	動土 破土 交易 開倉 立券 栽種 納畜 入學 納采 入宅 祭祀 祈福	訴訟 伐木 針灸 架馬 造器皿 安門 放水 經絡 裁衣	正南	子吉丑吉寅凶卯吉 辰凶巳凶午凶未凶 申凶酉吉戌凶亥凶	馬
4 14	三月十七	一	癸丑	收	納財 捕獵 修造 入宅 納采 求嗣 齋醮 出行 開光 起灶	移徙 開市 安葬 入學 交易 破土 安床 開倉 開井 安門 架馬 進人口	正南	子凶丑凶寅吉卯吉 辰凶巳吉午凶未凶 申凶酉凶戌吉亥吉	羊
4 15	三月十八	二	甲寅	開	赴任 入宅 開市 祈福 入學 安床 交易 求醫 齋醮 求嗣 栽種 納采	破土 納畜 穿耳洞 針灸 開倉 安門 上樑 伐木 架馬 經絡 修墓 造倉	東南	子平丑平寅吉卯平 辰吉巳平午凶未吉 申凶酉吉戌凶亥凶	猴
4 16	三月十九	三	乙卯	閉	築隄 安葬 針灸 納采 納財 移徙 入宅	納畜 訴訟 起灶 栽種 開井 齋醮 探病	東南	子平丑平寅吉卯吉 辰平巳凶午平未吉 申吉酉凶戌凶亥凶	雞
4 17	三月二十	四	丙辰	建	祈福 上樑 納財 入學 立券 齋醮 交易 祭祀 納采	起造 移徙 入宅 開井 破土 成服 除服 求醫 伐木 架馬 修墓 造倉	正西	子平丑平寅平卯平 辰凶巳吉午平未平 申吉酉吉戌凶亥凶	狗
4 18	耶穌受難節	五	丁巳	除	齋醮 沐浴 除服 求醫 破屋 入宅 立券 栽種 納畜 交易 納財	安葬 破土 起造 架馬 上蓋 裁衣 破屋 剃頭	正西	子平丑吉寅平卯凶 辰平巳吉午吉未吉 申平酉吉戌凶亥凶	豬
4 19	耶穌受難節 翌日	六	戊午	滿	交易 納財 立券 出行 開倉 造葬 納采 起灶	破土 入宅 訴訟 起造 破屋 修墓 築隄	正北	子凶丑平寅凶卯吉 辰平巳吉午平未吉 申吉酉吉戌凶亥凶	鼠

西曆月日	農曆	星期	干支	建星	宜	忌	財位	是日吉時	沖
4 20	穀雨	日	己未	平	平治 安機 開市 納采 起灶	安床 破土 入宅 出行 解除 破屋 合醬	正北	子平丑凶寅吉卯吉 辰平巳吉午吉未吉 申吉酉平戌凶亥凶	牛
4 21	復活節	一	庚申	定	修造 祭祀 祈福 入學 納畜 造葬 交易 移徙 合壽木 開光 修墓	栽種 起造 安床 經絡 嫁娶	正東	子凶丑吉寅凶卯平 辰吉巳吉午吉未吉 申吉酉平戌凶亥凶	虎
4 22	三月廿五	二	辛酉	執	祭祀 祈福 立券 捕捉 納采 交易 求醫 合壽木 起灶 修墓	移徙 赴任 起造 架馬 開倉 造倉 合醬 豎柱 伐木 經絡 栽種 納畜	正東	子平丑平寅吉卯凶 辰吉巳吉午吉未平 申平酉凶戌凶亥凶	兔
4 23	三月廿六	三	壬戌	破	求醫 交易 祭祀 祈福 齋醮 求嗣 解除 修造 納采	月破日 百事忌 除求醫外 宜事少取	正南	子平丑平寅吉卯吉 辰凶巳吉午平未吉 申凶酉平戌凶亥凶	龍
4 24	三月廿七	四	癸亥	危	入宅 開市 祭祀 祈福 安床 納畜 造倉 納財 捕獵 栽種	受死日 百事忌 除捕獵外 宜事少取	正南	子平丑平寅吉卯吉 辰吉巳凶午吉未凶 申平酉平戌凶亥凶	蛇
4 25	三月廿八	五	甲子	成	安葬 交易 立券 豎柱 栽種 納畜 入學 入宅 納財 祭祀 祈福 齋醮	訴訟 伐木 針灸 架馬 造器皿 修墓 築隄	東南	子吉丑吉寅吉卯平 辰吉巳平午凶未吉 申吉酉平戌凶亥凶	馬
4 26	三月廿九	六	乙丑	收	嫁娶 移徙 納財 捕獵 入宅 納采 求嗣 齋醮 出行	入學 破土 安床 開倉 開井 安門 架馬 進人口 納畜 造倉 放水 栽種	東南	子吉丑吉寅吉卯吉 辰平巳凶午平未凶 申吉酉吉戌凶亥凶	羊

西曆月日	農曆	星期	干支	建星	宜	忌	財位	是日吉時	沖
4 27	三月三十	日	丙寅	開	赴任 開市 修造 祈福 入學 安床 交易 求醫 齋醮 求嗣 栽種 入宅	破土 納畜 穿耳洞 針灸 安門 上樑 起灶 合醬	正西	子吉丑平寅平卯吉 辰凶巳平午吉未平 申凶酉吉戌凶亥凶	猴
4 28	四月初一	一	丁卯	閉	築隄 針灸 納采 納財 起造 開光 入宅 開倉	移徙 破土 納畜 訴訟 起灶 剃頭 開井	正西	子平丑平寅吉卯凶 辰平巳吉午吉未吉 申平酉凶戌凶亥凶	雞
4 29	四月初二	二	戊辰	建	祈福 上樑 納財 入學 立券 交易 納采 齋醮	移徙 安葬 開倉 開井 破土 動土 成服 除服 求醫 伐木 起造 架馬	正北	子平丑吉寅凶卯吉 辰平巳吉午平未吉 申吉酉吉戌凶亥凶	狗
4 30	四月初三	三	己巳	除	入宅 開市 齋醮 沐浴 除服 求醫 修造 破屋 起灶 立券 栽種 納畜	破土 起造 架馬 開倉 進人口 破屋 合醬	正北	子吉丑凶寅吉卯平 辰平巳平午吉未吉 申吉酉平戌凶亥凶	豬
5 1	勞動節	四	庚午	滿	交易 納財 立券 移徙 出行 開倉 納采	訴訟 起造 破屋 經絡 豎柱 伐木 架馬 築隄 探病	正東	子凶丑吉寅吉卯平 辰平巳平午吉未吉 申吉酉吉戌凶亥凶	鼠
5 2	四月初五	五	辛未	平	平治 安機 造葬 栽種 交易 修墓	赴任 起造 開市 移徙 入宅 安床 動土 祈福 解除 破屋 合醬	正東	子平丑凶寅吉卯吉 辰平巳吉午吉未平 申吉酉凶戌凶亥凶	牛
5 3	四月初六	六	壬申	定	祭祀 祈福 入學 納畜 交易 納財 修墓	起造 安床 上蓋 起灶 裁衣	正南	子吉丑吉寅凶卯吉 辰吉巳吉午平未吉 申凶酉吉戌凶亥凶	虎

西曆月日	農曆	星期	干支	建星	宜	忌	財位	是日吉時	沖
5 4	四月初七	日	癸酉	執	祭祀 祈福 立券 捕捉 納采 交易 求醫 安葬 修墓	赴任 移徙 起造 架馬 開倉 造倉 裁衣 訴訟 合醬 栽種 納畜	正南	子吉丑吉寅吉卯凶 辰吉巳吉午平未凶 申吉酉平戌凶亥凶	兔
5 5	立夏 佛誕	一	甲戌	執	赴任 開市 嫁娶 祭祀 祈福 立券 捕獵 捕捉 齋醮 求醫 解除 訴訟	入宅 開井 上蓋 起灶 開倉	東南	子平丑吉寅吉卯吉 辰凶巳吉午凶未吉 申平酉平戌平亥凶	龍
5 6	四月初九	二	乙亥	破	求醫 動土 修造 交易 入宅	月破日 百事忌 除求醫外 宜事少取	東南	子吉丑吉寅吉卯吉 辰平巳凶午平未吉 申平酉平戌平亥凶	蛇
5 7	四月初十	三	丙子	危	祭祀 祈福 安床 入宅 納財 交易 修造 放水	安葬 行船 訴訟 起造 架馬 進人口 納畜 開倉 造倉 裁衣 起灶	正西	子吉丑吉寅平卯平 辰凶巳吉午凶未平 申平酉吉戌吉亥凶	馬
5 8	四月十一	四	丁丑	成	開市 安葬 修造 動土 破土 交易 開倉 立券 栽種 納畜 入學 造葬	訴訟 起造 剃頭 安床 伐木 架馬 經絡	正西	子吉丑平寅平卯凶 辰平巳吉午吉未凶 申平酉吉戌平亥凶	羊
5 9	四月十二	五	戊寅	收	納財 捕獵 入宅 造倉 納采 動土	入學 安床 開井 訴訟 求醫 安葬 成服 除服 移徙 起灶 伐木 針灸	正北	子平丑吉寅凶卯吉 辰吉巳吉午吉未吉 申凶酉平戌平亥凶	猴
5 10	四月十三	六	己卯	開	入學 安床 交易 出行 求醫 納采 納畜 納財 齋醮 栽種 開倉	伐木 針灸 架馬 解除 破屋 裁衣 開井 經絡 築隄 探病	正北	子吉丑凶寅吉卯吉 辰平巳平午吉未吉 申平酉凶戌平亥凶	雞

西曆月日	農曆	星期	干支	建星	宜	忌	財位	是日吉時	沖
5 11	四月十四	日	庚辰	閉	築隄 求醫 針灸 齋醮 求嗣 納采 造葬 立券 交易 納財 動土 開光	起造 架馬 造倉 破屋 安門 放水 經絡	正東	子凶丑吉寅吉卯平 辰吉巳吉午吉未吉 申平酉平戌凶亥凶	狗
5 12	四月十五	一	辛巳	建	祈福 上樑 納財 入學 立券 祭祀 齋醮 求嗣 捕獵 交易 入宅	受死日 百事忌 除捕獵外 宜事少取	正東	子平丑吉寅吉卯平 辰平巳吉午吉未吉 申平酉凶戌吉亥凶	豬
5 13	四月十六	二	壬午	除	赴任 祭祀 祈福 齋醮 解除 沐浴 除服 求醫 破屋 求嗣 開市 交易	出行 入宅 捕獵 栽種 納畜 探病	正南	子凶丑吉寅吉卯吉 辰平巳吉午平未吉 申凶酉平戌平亥凶	鼠
5 14	四月十七	三	癸未	除	開市 交易 立券 納采 求嗣 齋醮	栽種 伐木 架馬 動土 上蓋 裁衣 豎柱 安門 上樑 入宅 訴訟 行船	正南	子吉丑凶寅吉卯吉 辰平巳吉午吉未凶 申平酉平戌吉亥凶	牛
5 15	四月十八	四	甲申	滿	祭祀 平治 修造 安機 造葬 出行 納采 動土 交易 入宅 齋醮 立券	移徙 安床 開倉 安門 架馬 造倉 穿耳洞 針灸	東南	子吉丑吉寅凶卯平 辰吉巳吉午凶未吉 申吉酉吉戌平亥凶	虎
5 16	四月十九	五	乙酉	平	祭祀 祈福 入學 納畜 上樑 納采 動土 交易 入宅 納財 破土 修墓	訴訟 安床 栽種	東南	子吉丑吉寅吉卯凶 辰吉巳凶午平未平 申吉酉吉戌平亥凶	兔
5 17	四月二十	六	丙戌	定	赴任 開市 祭祀 祈福 立券 修造 捕獵 捕捉 求醫 解除 訴訟 納采	出行 破土 開井 動土 起造 起灶 豎柱 伐木 架馬 經絡	正西	子吉丑平寅吉卯吉 辰凶巳吉午平未平 申吉酉吉戌吉亥凶	龍

西曆 月日	農曆	星期	干支	建星	宜	忌	財位	是日吉時	沖
5 18	四月廿一	日	丁亥	破	求醫 移徙 開光	月破日 百事忌 除求醫外 宜事少取	正西	子平丑吉寅吉卯凶 辰平巳凶午吉未吉 申平酉吉戌吉亥凶	蛇
5 19	四月廿二	一	戊子	危	祭祀 祈福 安床 破土 納財 交易 修造 安葬 納采 動土	赴任 起造 行船 訴訟 架馬 進人口 納畜 造倉	正北	子平丑吉寅凶卯吉 辰吉巳吉午凶未平 申吉酉吉戌平亥凶	馬
5 20	四月廿三	二	己丑	成	交易 開倉 立券 豎柱 栽種 納畜 入學 造葬 納采 祈福 祭祀	訴訟 安床 修墓 造倉 築隄	正北	子吉丑凶寅吉卯吉 辰平巳吉午平未凶 申吉酉吉戌平亥凶	羊
5 21	小滿	三	庚寅	收	納財 捕獵 入宅 造倉	入學 破土 安床 開倉 開井 訴訟 求醫 安葬 成服 除服 起灶 伐木	正東	子凶丑吉寅吉卯吉 辰平巳平午平未平 申凶酉平戌凶亥凶	猴
5 22	四月廿五	四	辛卯	開	動土 移徙 赴任 入學 安床 開市 交易 豎柱 出行 求醫 納畜 造倉	破土 伐木 針灸 架馬 解除 破屋 合醬 開井 裁衣	正東	子平丑平寅吉卯吉 辰平巳吉午吉未平 申平酉凶戌吉亥凶	雞
5 23	四月廿六	五	壬辰	閉	築隄 求醫 針灸 齋醮 求嗣 納采 立券 交易 納財 造葬 動土	出行 破土 起造 架馬 造倉 上蓋 起灶 裁衣 破屋 移徙 合醬	正南	子平丑吉寅吉卯吉 辰平巳吉午平未平 申凶酉吉戌凶亥凶	狗
5 24	四月廿七	六	癸巳	建	祈福 上樑 納財 入學 立券 祭祀 齋醮 求嗣 捕獵	受死日 百事忌 除捕獵外 宜事少取	正南	子吉丑平寅平卯吉 辰吉巳吉午平未凶 申吉酉平戌吉亥凶	豬

西曆月日	農曆	星期	干支	建星	宜	忌	財位	是日吉時	沖
5 25	四月廿八	日	甲午	除	祭祀 祈福 齋醮 解除 沐浴 除服 求醫 破屋 求嗣 交易 納財 修墓	移徙 安葬 出行 入宅 開倉 捕獵 納畜	東南	子凶丑吉寅吉卯平 辰平巳平午凶未吉 申平酉吉戌平亥凶	鼠
5 26	四月廿九	一	乙未	滿	開市 交易 立券 納采 求嗣	栽種 伐木 架馬 豎柱 安門 上樑 經絡 築隄	東南	子吉丑凶寅吉卯吉 辰平巳凶午平未平 申吉酉平戌吉亥凶	牛
5 27	五月初一	二	丙申	平	祭祀 平治 安機 出行 納采 動土 交易 入宅 立券 栽種 求嗣 祈福	安床 安門 架馬 造倉 穿耳洞 針灸 起灶	正西	子吉丑吉寅凶卯平 辰凶巳吉午平未吉 申吉酉吉戌吉亥凶	虎
5 28	五月初二	三	丁酉	定	祭祀 祈福 入學 納畜 上樑 造葬 納采 動土 交易 納財 破土 修墓	移徙 訴訟 安床 剃頭	正西	子平丑吉寅平卯凶 辰平巳平午吉未吉 申平酉吉戌平亥凶	兔
5 29	五月初三	四	戊戌	執	祭祀 祈福 立券 捕獵 捕捉 求醫 解除 訴訟 納采 開倉	赴任 開市 安葬 入宅 開井 合醬	正北	子平丑吉寅凶卯吉 辰凶巳平午吉未吉 申吉酉平戌平亥凶	龍
5 30	五月初四	五	己亥	破	求醫 交易 入宅 納財 栽種 開倉	月破日 百事忌 除求醫外 宜事少取	正北	子吉丑凶寅吉卯吉 辰平巳凶午吉未吉 申吉酉平戌平亥凶	蛇
5 31	端午節	六	庚子	危	動土 祭祀 祈福 安床 破土 開市 納財 交易 納采 造葬 栽種	行船 訴訟 起造 架馬 進人口 納畜 開倉 造倉 經絡	正東	子凶丑吉寅平卯平 辰平巳平午凶未吉 申吉酉吉戌凶亥凶	馬

西曆 月日	農曆	星期	干支	建星	宜	忌	財位	是日吉時	沖
6 1	五月初六	日	辛丑	成	開市 安葬 動土 破土 交易 開倉 立券 豎柱 栽種 納畜 入學 造葬	訴訟 上蓋 起灶 裁衣 納財 合醬 安床	正東	子平丑吉寅吉卯吉 辰平巳吉午吉未凶 申吉酉凶戌平亥凶	羊
6 2	五月初七	一	壬寅	收	納財 捕獵 入宅 造倉 納采 裁衣	入學 安床 開倉 開井 訴訟 求醫 成服 除服 起灶 伐木 針灸 架馬	正南	子平丑吉寅吉卯吉 辰平巳平午平未吉 申凶酉平戌吉亥凶	猴
6 3	五月初八	二	癸卯	開	動土 入學 安床 交易 豎柱 出行 求醫 納畜 造倉 納財 齋醮 栽種	移徙 伐木 針灸 架馬 進人口 解除 破屋 裁衣 訴訟 開井	正南	子吉丑平寅吉卯吉 辰平巳平午平未凶 申平酉凶戌吉亥凶	雞
6 4	五月初九	三	甲辰	閉	入宅 安葬 築隄 求醫 針灸 動土 齋醮 求嗣 立券 交易 納采 納財	出行 起造 架馬 造倉 破屋 裁衣 上樑 豎柱 伐木 經絡	東南	子吉丑吉寅平卯平 辰吉巳平午凶未吉 申平酉吉戌凶亥凶	狗
6 5	芒種	四	乙巳	閉	祈福 祭祀 築隄 安葬 修造 求醫 針灸 齋醮 求嗣 納采 動土 造葬	起造 栽種	東南	子吉丑凶寅平卯平 辰平巳凶午平未平 申吉酉吉戌吉亥凶	豬
6 6	五月十一	五	丙午	建	祈福 納財 入學 立券 交易 納采 造葬	開倉 開井 起造 成服 除服 求醫 栽種 起灶 造倉 築隄	正西	子凶丑平寅平卯平 辰凶巳吉午吉未平 申吉酉吉戌吉亥凶	鼠
6 7	五月十二	六	丁未	除	祭祀 祈福 齋醮 解除 沐浴 除服 求醫 破屋 納采 交易 入宅 納財	安葬 伐木 起造 架馬 裁衣 剃頭 合醬	正西	子凶丑凶寅平卯凶 辰平巳吉午吉未吉 申平酉吉戌平亥凶	牛

西曆月日	農曆	星期	干支	建星	宜	忌	財位	是日吉時	沖
6 8	五月十三	日	戊申	滿	移徙 安葬 開市 交易 納財 立券 出行 納畜 造葬 入宅 開光	起造 架馬 安門 放水 安床 築隄	正北	子凶丑吉寅凶卯平 辰吉巳吉午平未吉 申吉酉平戌平亥凶	虎
6 9	五月十四	一	己酉	平	平治 安機 造倉 移徙 納財 齋醮 造葬 納采 開倉 修墓	安床 訴訟 開井 起造 上蓋 裁衣 入宅 放水	正北	子凶丑凶寅平卯凶 辰吉巳吉午吉未吉 申吉酉平戌平亥凶	兔
6 10	五月十五	二	庚戌	定	祭祀 祈福 修造 入學 納畜 上樑 造葬 出行 納采 動土 交易 入宅	安床 起造 架馬 經絡 裁衣 納財	正東	子凶丑吉寅平卯平 辰凶巳平午吉未吉 申吉酉平戌凶亥凶	龍
6 11	五月十六	三	辛亥	執	立券 修造 捕獵 捕捉 動土 栽種 齋醮 求嗣 納采 交易	納財 進人口 解除 破屋 合醬 豎柱 伐木 架馬 經絡	正東	子凶丑吉寅吉卯吉 辰平巳凶午吉未吉 申平酉凶戌吉亥凶	蛇
6 12	五月十七	四	壬子	破	求醫 齋醮 造葬 合壽木 捕獵 起灶	月破日 百事忌 除求醫外 宜事少取	正南	子凶丑吉寅吉卯吉 辰吉巳吉午凶未吉 申凶酉平戌平亥凶	馬
6 13	五月十八	五	癸丑	危	納財 求嗣 納采	出行 移徙 行船 交易 納畜 求醫 安葬 起造 解除 破屋 訴訟 入宅	正南	子凶丑吉寅平卯平 辰吉巳吉午平未凶 申吉酉吉戌吉亥凶	羊
6 14	五月十九	六	甲寅	成	修造 動土 破土 交易 立券 豎柱 栽種 入學 造葬 納采 納財 造倉	訴訟 伐木 針灸 架馬 探病	東南	子凶丑平寅吉卯平 辰吉巳平午凶未吉 申凶酉吉戌吉亥凶	猴

西曆月日	農曆	星期	干支	建星	宜	忌	財位	是日吉時	沖
6 15	五月二十	日	乙卯	收	祈福 動土 求嗣 祭祀 開光	入學 破土 安床 開倉 開井 安門 伐木 針灸 架馬 栽種 穿耳洞 修墓	東南	子凶丑平寅吉卯吉 辰平巳凶午平未吉 申吉酉凶戌吉亥凶	雞
6 16	五月廿一	一	丙辰	開	祈福 入學 安床 交易 豎柱 出行 求醫 齋醮 栽種 入宅 納采 納財	破土 訴訟 架馬 造器皿 造倉	正西	子凶丑平寅平卯平 辰凶巳吉午平未平 申吉酉吉戌凶亥凶	狗
6 17	五月廿二	二	丁巳	閉	動土 移徙 赴任 祈福 祭祀 築隄 求醫 針灸 齋醮 求嗣 起灶 交易	出行 破土 納采 剃頭	正西	子凶丑吉寅平卯凶 辰平巳吉午吉未吉 申平酉吉戌吉亥凶	豬
6 18	五月廿三	三	戊午	建	祈福 納財 入學 立券 造葬 納采 祭祀	開井 破土 起造 成服 除服 求醫 栽種 上蓋 裁衣 修墓 造倉 築隄	正北	子凶丑平寅凶卯吉 辰平巳吉午平未吉 申吉酉吉戌平亥凶	鼠
6 19	五月廿四	四	己未	除	祭祀 祈福 齋醮 解除 沐浴 除服 求醫 修造 破屋 納采 交易 入宅	移徙 伐木 起造 架馬	正北	子凶丑凶寅吉卯吉 辰平巳吉午吉未吉 申吉酉平戌平亥凶	牛
6 20	五月廿五	五	庚申	滿	交易 立券 出行 納畜 納采 起灶	起造 架馬 經絡 安床 豎柱 伐木 築隄 裁衣	正東	子凶丑吉寅凶卯平 辰吉巳吉午吉未吉 申吉酉平戌凶亥凶	虎
6 21	夏至	六	辛酉	平	嫁娶 移徙 入宅 平治 安機 造倉 起灶 交易 納財 納采 造葬 修墓	安床 訴訟 開井 動土 起造 放水 合醬	正東	子凶丑平寅吉卯凶 辰吉巳吉午吉未平 申平酉凶戌平亥凶	兔

西曆月	西曆日	農曆	星期	干支	建星	宜	忌	財位	是日吉時	沖
6	22	五月廿七	日	壬戌	定	祭祀 祈福 入學 納畜 上樑 出行 納采 動土 交易 入宅 齋醮 求醫	安床 起造 架馬	正南	子凶丑平寅吉卯吉 辰凶巳吉午平未吉 申凶酉平戌吉亥凶	龍
6	23	五月廿八	一	癸亥	執	立券 修造 捕獵 捕捉 動土 栽種 齋醮 求嗣 納采 合壽木 交易	起造 破土 納財 進人口 解除 破屋 訴訟 嫁娶	正南	子凶丑平寅吉卯吉 辰吉巳凶午吉未凶 申平酉平戌吉亥凶	蛇
6	24	五月廿九	二	甲子	破	開市 求醫 納財 齋醮 造葬 捕獵	月破日 百事忌 除求醫外 宜事少取	東南	子凶丑吉寅吉卯吉 辰平巳凶午平未凶 申吉酉吉戌平亥凶	馬
6	25	六月初一	三	乙丑	危	破土 納財 求嗣 納采 動土 入學	安葬 行船 納畜 求醫 起灶 進人口 解除 破屋 栽種 合醬	東南	子凶丑吉寅吉卯吉 辰平巳凶午平未凶 申吉酉吉戌平亥凶	羊
6	26	六月初二	四	丙寅	成	修造 動土 破土 交易 開倉 立券 豎柱 栽種 入學 造葬 納采 入宅	訴訟 伐木 針灸 架馬 起灶	正西	子凶丑平寅平卯吉 辰凶巳平午吉未平 申凶酉吉戌平亥凶	猴
6	27	六月初三	五	丁卯	收	祈福 動土 造倉 求嗣 祭祀 齋醮	入學 破土 安床 開倉 開井 安門 伐木 針灸 架馬 穿耳洞 剃頭 修墓	正西	子凶丑平寅吉卯凶 辰平巳吉午吉未吉 申平酉凶戌平亥凶	雞
6	28	六月初四	六	戊辰	開	祈福 入學 安床 交易 豎柱 出行 求醫 移徙 納采 入宅 齋醮 栽種	破土 安葬 訴訟 架馬 造器皿 造倉 修墓 築隄	正北	子凶丑吉寅凶卯吉 辰平巳吉午平未吉 申吉酉吉戌凶亥凶	狗

西曆 月日	6 29	6 30	7 1	7 2	7 3	7 4	7 5
農曆	六月初五	六月初六	香港特別行政區成立紀念日	六月初八	六月初九	六月初十	六月十一
星期	日	一	二	三	四	五	六
干支	己巳	庚午	辛未	壬申	癸酉	甲戌	乙亥
建星	閉	建	除	滿	平	定	執
宜	祈福 祭祀 築隄 安葬 修造 求醫 針灸 齋醮 求嗣 造葬 開光 納采	祈福 納財 入學 立券 交易 納采 祭祀 裁衣	祭祀 祈福 齋醮 解除 沐浴 除服 求醫 破屋 納采 交易 入宅 納財	移徙 安葬 開市 交易 納財 立券 出行 納畜 造葬 齋醮 放水	開市 平治 安機 造倉 移徙 交易 納財 納采 放水 造葬 修墓	祭祀 祈福 修造 入學 納畜 上樑 出行 納采 動土 交易 入宅 求醫	立券 修造 捕獵 捕捉 動土 齋醮 求嗣 納采 交易 入學
忌	起造 移徙 入宅 出行 裁衣 豎柱 伐木 架馬 經絡	開倉 開井 成服 除服 求醫 栽種 起造 起灶 經絡 造倉 築隄 探病	移徙 伐木 起造 架馬 裁衣 合醬	起造 架馬 裁衣 安床 築隄	安床 訴訟 開井 動土 起造 上蓋 裁衣 上樑	移徙 安床 起造 架馬 開倉 裁衣 納財	安葬 納財 進人口 解除 破屋 裁衣 合醬
財位	正北	正東	正東	正南	正南	東南	東南
是日吉時	子凶丑凶寅吉卯平 辰平巳平午吉未吉 申吉酉平戌平亥凶	子凶丑吉寅吉卯平 辰平巳平午吉未吉 申吉酉吉戌凶亥凶	子凶丑凶寅吉卯吉 辰平巳吉午吉未平 申吉酉凶戌平亥凶	子凶丑吉寅凶卯吉 辰吉巳吉午平未吉 申凶酉吉戌平亥凶	子凶丑吉寅吉卯凶 辰吉巳吉午平未凶 申吉酉平戌平亥凶	子凶丑吉寅吉卯吉 辰凶巳吉午凶未吉 申平酉平戌平亥凶	子凶丑吉寅吉卯吉 辰平巳凶午平未吉 申平酉平戌平亥凶
沖	豬	鼠	牛	虎	兔	龍	蛇

西曆月日	農曆	星期	干支	建星	宜	忌	財位	是日吉時	沖
7 6	六月十二	日	丙子	破	開市 求醫 納財 捕獵 交易 開光	月破日 百事忌 除求醫外 宜事少取	正西	子凶丑吉寅平卯平 辰凶巳吉午凶未平 申平酉吉戌吉亥凶	馬
7 7	小暑	一	丁丑	破	求醫 納財	月破日 百事忌 除求醫外 宜事少取	正西	子吉丑凶寅平卯凶 辰平巳吉午吉未凶 申平酉吉戌平亥凶	羊
7 8	六月十四	二	戊寅	危	祈福 安床 納財 納畜 造倉 立券 動土 栽種 納采 交易 開倉 修墓	赴任 行船 伐木 針灸 架馬 豎柱 經絡 訴訟	正北	子平丑凶寅凶卯吉 辰吉巳吉午吉未吉 申凶酉平戌平亥凶	猴
7 9	六月十五	三	己卯	成	交易 開倉 出行 立券 豎柱 栽種 入學 造葬 納采 入宅 納財 造倉	訴訟 伐木 針灸 架馬 開井 探病	正北	子吉丑凶寅吉卯吉 辰平巳平午吉未吉 申平酉凶戌平亥凶	雞
7 10	六月十六	四	庚辰	收	修造 動土 嫁娶 移徙 祈福 納財 捕獵 入宅 出行 齋醮 求醫 納采	入學 破土 安床 開井 訴訟 起造 架馬 造倉 經絡 修墓	正東	子凶丑凶寅吉卯平 辰吉巳吉午吉未吉 申平酉平戌凶亥凶	狗
7 11	六月十七	五	辛巳	開	赴任 開市 祈福 入學 安床 交易 求醫 造葬 齋醮 求嗣 納財	破土 起造 上蓋 起灶 裁衣 開倉 安門 上樑 合醬	正東	子平丑凶寅吉卯平 辰平巳吉午吉未吉 申平酉凶戌吉亥凶	豬
7 12	六月十八	六	壬午	閉	祈福 祭祀 築隄 修造 交易 入宅 求醫 針灸 齋醮 納財 捕獵 破土	受死日 百事忌 除捕獵外 宜事少取	正南	子凶丑凶寅吉卯吉 辰平巳吉午平未吉 申凶酉平戌平亥凶	鼠

西曆月日	7 13	7 14	7 15	7 16	7 17	7 18	7 19
農曆	六月十九	六月二十	六月廿一	六月廿二	六月廿三	六月廿四	六月廿五
星期	日	一	二	三	四	五	六
干支	癸未	甲申	乙酉	丙戌	丁亥	戊子	己丑
建星	建	除	滿	平	定	執	破
宜	上樑 納財 入學 立券 出行 求嗣 齋醮 交易 納采 開光	入宅 開市 齋醮 沐浴 除服 求醫 修造 破屋 納采 求嗣 造葬 交易	交易 納財 立券 移徙 出行 開倉 納采 求嗣 起造	平治 安機 納采 納財	祭祀 祈福 入學 納畜 上樑 納采 動土 交易 造倉 起灶 齋醮 栽種	立券 捕捉 解除 訴訟 納采	動土 求醫 納采 祈福 祭祀
忌	移徙 安葬 開倉 開井 伐木 起造 架馬 動土 訴訟 行船 造倉 築隄	開井 架馬 開倉 造倉 破屋 安床 裁衣	穿耳洞 針灸 解除 破屋 栽種 豎柱 伐木 架馬 經絡 築隄	開市 移徙 入宅 安床 破土 安葬 安門 進人口 納畜 祈福 解除 破屋	安床 起造 剃頭 合醬 納財 安門	赴任 移徙 開市 出行 入宅 交易 造葬 納畜 破土 成服 除服 起灶	月破日 百事忌 除求醫外 宜事少取
財位	正南	東南	東南	正西	正西	正北	正北
是日吉時	子吉丑凶寅吉卯吉 辰平巳吉午吉未凶 申平酉平戌吉亥凶	子吉丑凶寅凶卯平 辰吉巳吉午凶未吉 申吉酉吉戌平亥凶	子吉丑凶寅吉卯凶 辰吉巳凶午平未平 申吉酉吉戌平亥凶	子吉丑凶寅吉卯吉 辰凶巳吉午平未平 申吉酉吉戌吉亥凶	子平丑凶寅吉卯凶 辰平巳凶午吉未吉 申平酉吉戌吉亥凶	子平丑凶寅凶卯吉 辰吉巳吉午凶未平 申吉酉吉戌平亥凶	子吉丑凶寅吉卯吉 辰平巳吉午平未凶 申吉酉吉戌平亥凶
沖	牛	虎	兔	龍	蛇	馬	羊

西曆月日	農曆	星期	干支	建星	宜	忌	財位	是日吉時	沖
7 20	六月廿六	日	庚寅	危	開市 祈福 安床 納財 齋醮 納畜 造倉 入宅 立券 栽種 造葬 交易	行船 伐木 針灸 架馬 上蓋 起灶 裁衣 經絡 訴訟	正東	子凶丑凶寅吉卯吉 辰吉巳平午平未平 申凶酉平戌凶亥凶	猴
7 21	六月廿七	一	辛卯	成	交易 開倉 出行 立券 豎柱 栽種 入學 造葬 納采 入宅 祈福 納財	訴訟 伐木 針灸 架馬 合醬 開井	正東	子平丑凶寅吉卯吉 辰平巳吉午吉未平 申平酉凶戌吉亥凶	雞
7 22	大暑	二	壬辰	收	祈福 納財 捕獵 入宅 出行 求醫 納采 解除	入學 破土 安床 開井 訴訟 起造 架馬 造倉 修墓	正南	子平丑凶寅吉卯吉 辰平巳吉午平未平 申凶酉吉戌凶亥凶	狗
7 23	六月廿九	三	癸巳	開	赴任 開市 祈福 入學 安床 交易 求醫 齋醮 求嗣 納采 納財	破土 起造 開倉 安門 上樑 起灶 訴訟 修墓 造倉 築隄	正南	子吉丑凶寅平卯吉 辰吉巳吉午平未凶 申吉酉平戌吉亥凶	豬
7 24	六月三十	四	甲午	閉	祈福 祭祀 築隄 交易 入宅 求醫 針灸 齋醮 納財 求嗣 修墓 捕獵	受死日 百事忌 除捕獵外 宜事少取	東南	子凶丑凶寅吉卯平 辰平巳平午凶未吉 申平酉吉戌平亥凶	鼠
7 25	閏六月初一	五	乙未	建	上樑 納財 入學 立券 出行 求嗣 齋醮 交易 納采	起造 開倉 開井 伐木 架馬 造倉 築隄	東南	子吉丑凶寅吉卯吉 辰平巳凶午平未平 申吉酉平戌吉亥凶	牛
7 26	閏六月初二	六	丙申	除	齋醮 沐浴 除服 求醫 破屋 納采 求嗣 交易 納財 立券 栽種 修墓	移徙 出行 動土 開井 架馬 開倉 造倉 破屋 起灶 安床	正西	子吉丑凶寅凶卯平 辰凶巳吉午平未吉 申吉酉吉戌吉亥凶	虎

西曆 月日	農曆	星期	干支	建星	宜	忌	財位	是日吉時	沖
7 27	閏六月初三	日	丁酉	滿	交易 立券 出行 開倉 造葬 納采 求嗣 起造 開光	動土 入宅 穿耳洞 針灸 解除 破屋 裁衣 剃頭 合醬 築隄	正西	子平丑凶寅平卯凶 辰平巳平午吉未吉 申平酉吉戌平亥凶	兔
7 28	閏六月初四	一	戊戌	平	嫁娶 平治 安機 納采 納財 出行 裁衣 開倉	安床 破土 安門 進人口 納畜 解除 破屋	正北	子平丑凶寅凶卯吉 辰凶巳平午吉未吉 申吉酉平戌平亥凶	龍
7 29	閏六月初五	二	己亥	定	赴任 開市 祭祀 祈福 入學 納畜 上樑 交易 造倉 移徙 齋醮 開倉	破土 安床 起造 上蓋 裁衣	正北	子吉丑凶寅吉卯吉 辰平巳凶午吉未吉 申吉酉平戌平亥凶	蛇
7 30	閏六月初六	三	庚子	執	立券 捕捉 解除 訴訟 納采 放水	安葬 破土 納畜 成服 除服 起灶 起造 架馬 開倉 造倉 栽種 裁衣	正東	子凶丑凶寅平卯平 辰平巳平午凶未吉 申吉酉吉戌凶亥凶	馬
7 31	閏六月初七	四	辛丑	破	求醫 祈福 修造 納采 放水	月破日 百事忌 除求醫外 宜事少取	正東	子平丑凶寅吉卯吉 辰平巳吉午吉未凶 申吉酉凶戌平亥凶	羊
8 1	閏六月初八	五	壬寅	危	嫁娶 入宅 開市 祈福 安床 納財 納畜 造倉 立券 修造 栽種 納采	行船 伐木 針灸 架馬 訴訟 探病	正南	子平丑凶寅吉卯吉 辰平巳平午平未吉 申凶酉平戌吉亥凶	猴
8 2	閏六月初九	六	癸卯	成	移徙 交易 開倉 出行 立券 栽種 入學 造葬 納采 入宅 納財 造倉	訴訟 伐木 針灸 架馬 裁衣 開井 上樑 經絡	正南	子吉丑凶寅吉卯吉 辰平巳平午平未凶 申平酉凶戌吉亥凶	雞

西曆月日	農曆	星期	干支	建星	宜	忌	財位	是日吉時	沖
8 3	閏六月初十	日	甲辰	收	祈福 捕獵 修造 出行 求醫 納采 開光 解除	起造 入學 破土 安床 開井 訴訟 架馬 造倉 安門 放水 裁衣 修墓	東南	子吉丑凶寅平卯平 辰吉巳平午凶未吉 申平酉吉戌凶亥凶	狗
8 4	閏六月十一	一	乙巳	開	祈福 入學 安床 交易 求醫 齋醮 求嗣 納采 造葬 納財	破土 起造 開倉 安門 上樑 起灶 放水	東南	子吉丑凶寅平卯平 辰平巳凶午平未平 申吉酉吉戌吉亥凶	豬
8 5	閏六月十二	二	丙午	閉	祈福 祭祀 築隄 安葬 交易 入宅 求醫 針灸 齋醮 納財 捕獵 修墓	受死日 百事忌 除捕獵外 宜事少取	正西	子凶丑凶寅平卯平 辰凶巳吉午吉未平 申吉酉吉戌吉亥凶	鼠
8 6	閏六月十三	三	丁未	建	赴任 上樑 納財 入學 立券 求嗣 齋醮 開市 交易	開倉 開井 伐木 起造 架馬 剃頭 造倉 築隄	正西	子平丑凶寅平卯凶 辰平巳吉午吉未吉 申平酉吉戌平亥凶	牛
8 7	立秋	四	戊申	建	赴任 祈福 上樑 納財 入學 立券 祭祀 齋醮 求嗣 造葬 交易	開倉 開井 安床 起造 造器皿 造倉 築隄	正北	子平丑吉寅凶卯平 辰吉巳吉午平未吉 申吉酉平戌平亥凶	虎
8 8	閏六月十五	五	己酉	除	祭祀 祈福 齋醮 解除 沐浴 破屋 交易 破土 修墓	移徙 出行 入宅 成服 動土 伐木 起造 架馬 進人口 納畜 栽種 開倉	正北	子吉丑凶寅凶卯凶 辰吉巳吉午吉未吉 申吉酉平戌平亥凶	兔
8 9	閏六月十六	六	庚戌	滿	入宅 開市 交易 納財 立券 納畜 起造 齋醮 納采	破土 上蓋 起灶 裁衣 豎柱 安門 上樑 經絡 伐木 架馬 修墓 築隄	正東	子凶丑吉寅凶卯平 辰凶巳平午吉未吉 申吉酉平戌凶亥凶	龍

西曆月日	農曆	星期	干支	建星	宜	忌	財位	是日吉時	沖
8 10	閏六月十七	日	辛亥	平	平治 安機	安床 破土 納畜 起灶 起造 架馬 開倉 造倉 合醬 入宅 安門	正東	子平丑吉寅凶卯吉 辰平巳凶午吉未吉 申平酉凶戌吉亥凶	蛇
8 11	閏六月十八	一	壬子	定	祭祀 祈福 修造 入學 納畜 上樑 出行 納采 動土 交易 齋醮 求嗣	起造 訴訟 安床	正南	子吉丑吉寅凶卯吉 辰吉巳吉午凶未吉 申凶酉平戌平亥凶	馬
8 12	閏六月十九	二	癸丑	執	祭祀 祈福 立券 捕獵 捕捉 納畜 造倉 齋醮 交易 起灶 開倉	受死日 百事忌 除捕獵外 宜事少取	正南	子吉丑吉寅凶卯平 辰吉巳吉午平未凶 申吉酉吉戌吉亥凶	羊
8 13	閏六月二十	三	甲寅	破	求醫 祈福 求嗣 齋醮 解除 訴訟 出行 納采 合壽木 交易 入宅	月破日 百事忌 除求醫外 宜事少取	東南	子平丑平寅凶卯平 辰吉巳平午凶未吉 申凶酉吉戌吉亥凶	猴
8 14	閏六月廿一	四	乙卯	危	修造 動土 祭祀 祈福 安床 破土 納采 求嗣 造葬 合壽木 交易 入宅	行船 訴訟 架馬 納財 開倉 造倉 開井 探病 嫁娶	東南	子平丑平寅凶卯吉 辰平巳凶午平未吉 申吉酉凶戌吉亥凶	雞
8 15	閏六月廿二	五	丙辰	成	開市 安葬 動土 破土 交易 開倉 立券 豎柱 入學 造葬 納采 納財	訴訟 穿耳洞 針灸 上樑 安床	正西	子平丑平寅凶卯平 辰凶巳吉午平未平 申吉酉吉戌凶亥凶	狗
8 16	閏六月廿三	六	丁巳	收	納財 捕獵 立券 栽種 納畜 起灶	移徙 安葬 入學 破土 安床 開倉 開井 安門 祭祀 伐木 針灸 架馬	正西	子平丑吉寅凶卯凶 辰平巳吉午吉未吉 申平酉吉戌吉亥凶	豬

西曆月	西曆日	農曆	星期	干支	建星	宜	忌	財位	是日吉時	沖
8	17	閏六月廿四	日	戊午	開	動土 入學 安床 交易 豎柱 求醫 起灶 栽種	安葬 破土 訴訟 起造 伐木 針灸 架馬 解除 破屋	正北	子凶丑平寅凶卯吉 辰平巳吉午平未吉 申吉酉吉戌平亥凶	鼠
8	18	閏六月廿五	一	己未	閉	築隄 求醫 針灸 納畜 納財 開光	出行 開井 架馬 開倉 上蓋 裁衣 解除 破屋 豎柱 伐木 經絡	正北	子平丑凶寅凶卯吉 辰平巳吉午吉未吉 申吉酉平戌平亥凶	牛
8	19	閏六月廿六	二	庚申	建	祈福 上樑 納財 入學 立券 祭祀 齋醮 求嗣 造葬 納采 交易 入宅	開倉 開井 安床 起造 造器皿 經絡 合醬 造倉 築隄	正東	子凶丑吉寅凶卯平 辰吉巳吉午吉未吉 申吉酉平戌凶亥凶	虎
8	20	閏六月廿七	三	辛酉	除	祭祀 祈福 齋醮 解除 沐浴 破屋 交易 入學 安葬 起灶 破土 修墓	起造 移徙 入宅 出行 動土 成服 伐木 架馬 進人口 納畜 栽種 開倉	正東	子平丑平寅凶卯凶 辰吉巳吉午吉未平 申平酉凶戌平亥凶	兔
8	21	閏六月廿八	四	壬戌	滿	交易 納財 立券 納畜 納采 入宅	安葬 豎柱 安門 上樑 破土 修墓 築隄	正南	子平丑平寅凶卯吉 辰凶巳吉午平未吉 申凶酉平戌吉亥凶	龍
8	22	閏六月廿九	五	癸亥	平	平治 安機 納財 納采 入宅 栽種	安床 破土 納畜 安葬 起灶 起造 架馬 造倉 訴訟 齋醮	正南	子平丑平寅凶卯吉 辰吉巳凶午吉未凶 申平酉平戌吉亥凶	蛇
8	23	處暑	六	甲子	定	祭祀 祈福 入學 納畜 上樑 出行 納采 動土 交易 入宅 齋醮 求嗣	移徙 安葬 訴訟 破土 安床 起造 合醬	東南	子吉丑吉寅平卯凶 辰吉巳平午凶未吉 申吉酉平戌平亥凶	馬

西曆 月	西曆 日	農曆	星期	干支	建星	宜	忌	財位	是日吉時	沖
8	24	七月初二	日	乙丑	執	赴任 開市 安葬 祭祀 祈福 立券 捕獵 捕捉 納畜 起造 造倉 齋醮	受死日 百事忌 除捕獵外 宜事少取	東南	子吉丑吉寅凶卯吉 辰平巳凶午平未凶 申吉酉吉戌平亥凶	羊
8	25	七月初三	一	丙寅	破	求醫 齋醮 祈福 求嗣 解除 訴訟 出行 移徙 裁衣 開光 納采 交易	月破日 百事忌 除求醫外 宜事少取	正西	子吉丑平寅凶卯吉 辰凶巳平午吉未平 申凶酉吉戌平亥凶	猴
8	26	七月初四	二	丁卯	危	祭祀 祈福 安床 破土 納采 求嗣 造葬 齋醮 修造 動土 交易	移徙 行船 訴訟 架馬 開倉 造倉 裁衣 剃頭 開井	正西	子平丑平寅凶卯凶 辰平巳吉午吉未吉 申平酉凶戌平亥凶	雞
8	27	七月初五	三	戊辰	成	動土 破土 交易 開倉 立券 入學 造葬 納采 納財 造倉 求嗣 祭祀	訴訟 穿耳洞 針灸 上樑 起灶 裁衣 安床 伐木 架馬 經絡	正北	子平丑吉寅凶卯平 辰平巳吉午平未吉 申平酉吉戌凶亥凶	狗
8	28	七月初六	四	己巳	收	納財 捕獵 入宅 納采 立券 栽種 納畜 放水	移徙 入學 破土 安床 開倉 開井 安葬 安門 祭祀 伐木 針灸 架馬	正北	子吉丑凶寅凶卯平 辰平巳平午吉未吉 申吉酉平戌平亥吉	豬
8	29	七月初七	五	庚午	開	動土 移徙 赴任 入學 安床 開市 交易 豎柱 求醫 納財 造倉 起灶	訴訟 起造 伐木 針灸 架馬 解除 破屋 經絡 合醬 探病	正東	子凶丑吉寅凶卯平 辰平巳平午吉未吉 申吉酉吉戌凶亥凶	鼠
8	30	七月初八	六	辛未	閉	築隄 求醫 針灸 納畜 造葬 入學 破土 修墓	出行 開井 架馬 開倉 解除 破屋 移徙 裁衣 合醬	正東	子平丑凶寅凶卯吉 辰平巳吉午吉未平 申吉酉凶戌平亥凶	牛

西曆月日	農曆	星期	干支	建星	宜	忌	財位	是日吉時	沖
8 31	七月初九	日	壬申	建	赴任 祈福 納財 入學 立券 出行 交易 入宅 祭祀 齋醮 求嗣	真滅沒日 百事忌 宜事少取	正南	子吉丑吉寅凶卯吉 辰吉巳吉午平未吉 申凶酉吉戌平亥凶	虎
9 1	七月初十	一	癸酉	除	祭祀 祈福 齋醮 解除 沐浴 破屋 交易 開光 破土 修墓	起造 成服 伐木 架馬 進人口 納畜 栽種 放水 訴訟 捕獵	正南	子吉丑吉寅凶卯凶 辰吉巳吉午平未凶 申吉酉平戌平亥凶	兔
9 2	七月十一	二	甲戌	滿	入宅 開市 交易 納財 立券 納畜 起造 納采	破土 上蓋 起灶 裁衣 豎柱 安門 上樑 合醬 修墓 築隄	東南	子平丑吉寅凶卯吉 辰凶巳吉午凶未吉 申平酉平戌平亥凶	龍
9 3	七月十二	三	乙亥	平	平治 安機 納財 納采 移徙 動土 入宅	安床 破土 納畜 起灶 起造 架馬 開倉 造倉 栽種 齋醮 豎柱 伐木	東南	子吉丑吉寅凶卯吉 辰平巳凶午平未吉 申平酉平戌平亥凶	蛇
9 4	七月十三	四	丙子	定	祭祀 祈福 修造 入學 納畜 上樑 出行 動土 交易 齋醮 求嗣 納財	起造 移徙 訴訟 安床 起灶 行船	正西	子吉丑吉寅凶卯平 辰凶巳吉午凶未平 申平酉吉戌吉亥凶	馬
9 5	七月十四	五	丁丑	執	祭祀 祈福 立券 捕獵 捕捉 納畜 造倉	受死日 百事忌 除捕獵外 宜事少取	正西	子吉丑平寅凶卯凶 辰平巳吉午吉未凶 申平酉吉戌平亥凶	羊
9 6	七月十五	六	戊寅	破	求醫 祈福 求嗣 齋醮 解除 訴訟 出行 造葬 納采 交易 入宅 修墓	月破日 百事忌 除求醫外 宜事少取	正北	子平丑吉寅凶卯吉 辰吉巳吉午吉未吉 申凶酉平戌平亥凶	猴

西曆月日	農曆	星期	干支	建星	宜	忌	財位	是日吉時	沖
9 7	白露	日	己卯	破	開市 修造 求醫 齋醮 造葬 納采 交易 修墓	月破日百事忌 除求醫外 宜事少取	正北	子吉丑凶寅吉卯凶 辰平巳平午吉未吉 申平酉凶戌平亥凶	雞
9 8	七月十七	一	庚辰	危	破土 造葬 納采 動土 交易 納畜 起造 造倉 納財 齋醮 開光 開倉	行船 解除 破屋 經絡 合醬	正東	子凶丑吉寅吉卯凶 辰吉巳吉午吉未吉 申平酉平戌凶亥凶	狗
9 9	七月十八	二	辛巳	成	動土 交易 開倉 立券 豎柱 栽種 納畜 入學 造葬 入宅 造倉 起灶	訴訟 伐木 針灸 起造 架馬 合醬	正東	子平丑吉寅吉卯凶 辰平巳吉午吉未吉 申平酉凶戌吉亥凶	豬
9 10	七月十九	三	壬午	收	祈福 齋醮 求嗣 納采	入學 交易 安床 開井 出行 伐木 針灸 起造 架馬 栽種 上蓋 起灶	正南	子凶丑吉寅吉卯凶 辰平巳吉午平未吉 申凶酉平戌平亥凶	鼠
9 11	七月二十	四	癸未	開	祈福 入學 安床 交易 豎柱 求醫 移徙 入宅 納財 納畜 齋醮 栽種	受死日百事忌 除捕獵外 宜事少取	正南	子吉丑凶寅吉卯凶 辰平巳吉午吉未凶 申平酉平戌吉亥凶	牛
9 12	七月廿一	五	甲申	閉	祈福 祭祀 築隄 安葬 針灸 納財 交易 動土 齋醮 求嗣 立券 栽種	起造 成服 除服 訴訟 進人口 開倉 安床 豎柱 伐木 架馬 經絡	東南	子吉丑吉寅凶卯凶 辰吉巳吉午凶未吉 申吉酉吉戌平亥凶	虎
9 13	七月廿二	六	乙酉	建	祈福 上樑 入學 立券 納采 求嗣 祭祀 入宅	開倉 開井 訴訟 伐木 架馬 放水 栽種 造倉 築隄 裁衣	東南	子吉丑吉寅吉卯凶 辰吉巳凶午平未平 申吉酉吉戌平亥凶	兔

西曆月日	農曆	星期	干支	建星	宜	忌	財位	是日吉時	沖
9 14	七月廿三	日	丙戌	除	解除 沐浴 除服 破屋 造倉 納財 納采 求嗣 栽種	動土 移徙 出行 訴訟 起灶 造器皿 穿耳洞 針灸 入宅 安葬 合醬	正西	子吉丑平寅吉卯凶 辰凶巳吉午平未平 申吉酉吉戌吉亥凶	龍
9 15	七月廿四	一	丁亥	滿	移徙 安葬 開市 交易 納財 立券 出行 納采 入宅 開光	架馬 剃頭 破土 修墓 築隄	正西	子平丑吉寅吉卯凶 辰平巳凶午吉未吉 申平酉吉戌吉亥凶	蛇
9 16	七月廿五	二	戊子	平	開市 祭祀 平治 安機 交易 納財 立券 祈福 解除 動土 開倉	安床 破土 起造 安門 出行 入宅	正北	子平丑吉寅凶卯凶 辰吉巳吉午凶未平 申吉酉吉戌平亥凶	馬
9 17	七月廿六	三	己丑	定	祭祀 祈福 修造 入學 納畜 上樑 納采 動土 交易 入宅 造倉 納財	移徙 訴訟 安床 架馬 嫁娶 安葬	正北	子吉丑凶寅吉卯凶 辰平巳吉午平未凶 申吉酉吉戌平亥凶	羊
9 18	七月廿七	四	庚寅	執	立券 修造 捕獵 捕捉 求醫 訴訟 動土 交易	納財 破屋 經絡	正東	子凶丑吉寅吉卯凶 辰吉巳平午平未平 申凶酉平戌凶亥凶	猴
9 19	七月廿八	五	辛卯	破	開市 求醫 交易 造葬 納采	月破日 百事忌 除求醫外 宜事少取	正東	子平丑平寅吉卯凶 辰平巳吉午吉未平 申平酉凶戌吉亥凶	雞
9 20	七月廿九	六	壬辰	危	破土 造葬 納采 動土 交易 納畜 起造 造倉 納財 栽種 開倉	赴任 移徙 行船 解除 破屋	正南	子平丑吉寅吉卯凶 辰平巳吉午平未平 申凶酉吉戌凶亥凶	狗

西曆月日	農曆	星期	干支	建星	宜	忌	財位	是日吉時	沖
9/21	七月三十	日	癸巳	成	修造 動土 破土 交易 開倉 立券 栽種 納畜 入學 造葬 納采 祈福	起造 訴訟 伐木 針灸 架馬 裁衣 納財 合醬 經絡	正南	子吉丑平寅平卯凶 辰吉巳吉午平未凶 申吉酉平戌吉亥凶	豬
9/22	八月初一	一	甲午	收	祈福 齋醮 求嗣 納采 裁衣 開光	安葬 入學 交易 安床 開倉 開井 伐木 針灸 起造 架馬 栽種 納畜	東南	子凶丑吉寅吉卯凶 辰平巳平午凶未吉 申平酉吉戌平亥凶	鼠
9/23	秋分	二	乙未	開	祈福 入學 安床 交易 豎柱 求醫 納畜 齋醮 入宅 捕獵 造葬 修墓	受死日 百事忌 除捕獵外 宜事少取	東南	子吉丑凶寅吉卯凶 辰平巳凶午平未平 申吉酉平戌吉亥凶	牛
9/24	八月初三	三	丙申	閉	動土 赴任 安葬 祈福 祭祀 築隄 針灸 入宅 納財 交易 求嗣 齋醮	成服 除服 訴訟 進人口 裁衣 起灶 安床 合醬	正西	子吉丑吉寅凶卯凶 辰凶巳吉午平未吉 申吉酉吉戌吉亥凶	虎
9/25	八月初四	四	丁酉	建	赴任 開市 祈福 上樑 納財 入學 立券 納采 求嗣 祭祀 造葬 交易	開倉 開井 訴訟 伐木 架馬 剃頭 造倉 築隄	正西	子平丑吉寅平卯凶 辰平巳平午吉未吉 申平酉吉戌平亥凶	兔
9/26	八月初五	五	戊戌	除	解除 沐浴 除服 破屋 起造 造倉 納采 求嗣	移徙 安葬 出行 訴訟 起灶 造器皿 穿耳洞 針灸 入宅 裁衣	正北	子平丑吉寅凶卯凶 辰凶巳平午吉未吉 申吉酉平戌平亥凶	龍
9/27	八月初六	六	己亥	滿	交易 納財 立券 出行 入宅 入學	安葬 架馬 裁衣 破土 修墓 築隄	正北	子吉丑凶寅吉卯凶 辰平巳凶午吉未吉 申吉酉平戌平亥凶	蛇

西曆月日	農曆	星期	干支	建星	宜	忌	財位	是日吉時	沖
9 28	八月初七	日	庚子	平	移徙 入宅 開市 祭祀 平治 安機 交易 納財 立券 祈福 動土 解除	安床 破土 起造 安門 上蓋 起灶 裁衣 放水 經絡 合醬 豎柱 伐木	正西	子凶丑吉寅平卯凶 辰平巳平午凶未吉 申吉酉吉戌凶亥凶	馬
9 29	八月初八	一	辛丑	定	祭祀 祈福 入學 納畜 上樑 納采 動土 交易 入宅 造倉 納財 開光	破土 訴訟 安床 架馬 放水 合醬 嫁娶 安葬	正西	子平丑吉寅吉卯凶 辰平巳吉午吉未凶 申吉酉凶戌平亥凶	羊
9 30	八月初九	二	壬寅	執	立券 修造 捕獵 捕捉 求醫 訴訟 造葬 納采 動土 交易 安葬 開倉	赴任 起造 納財 破屋 上樑 豎柱 伐木 架馬 經絡 探病	正北	子平丑吉寅吉卯凶 辰平巳平午平未吉 申凶酉平戌吉亥凶	猴
10 1	國慶日	三	癸卯	破	求醫 造葬 納采 交易 修墓	月破日 百事忌 除求醫外 宜事少取	正北	子吉丑平寅吉卯凶 辰平巳平午平未凶 申平酉凶戌吉亥凶	雞
10 2	八月十一	四	甲辰	危	破土 造葬 納采 交易 齋醮 納畜 造倉 納財 安葬	移徙 行船 解除 破屋 開倉	正東	子吉丑吉寅平卯凶 辰吉巳平午凶未吉 申平酉吉戌凶亥凶	狗
10 3	八月十二	五	乙巳	成	修造 動土 嫁娶 移徙 開市 交易 開倉 立券 豎柱 納畜 入學 造葬	訴訟 伐木 針灸 起造 架馬 合醬	正東	子吉丑吉寅平卯凶 辰平巳凶午平未平 申吉酉吉戌吉亥凶	豬
10 4	八月十三	六	丙午	收	祈福 齋醮 求嗣	入學 交易 安床 開倉 開井 移徙 出行 動土 伐木 針灸 起造 架馬	正南	子凶丑平寅平卯凶 辰凶巳吉午吉未平 申吉酉吉戌吉亥凶	鼠

西曆月日	農曆	星期	干支	建星	宜	忌	財位	是日吉時	沖
10 5	八月十四	日	丁未	開	祈福 入學 修造 安床 交易 豎柱 求醫 納財 納畜 齋醮 栽種 捕獵	受死日 百事忌 除捕獵外 宜事少取	正西	子平丑凶寅平卯凶 辰平巳吉午吉未吉 申平酉吉戌平亥凶	牛
10 6	中秋節	一	戊申	閉	祈福 祭祀 築隄 針灸 入宅 納財 交易 求嗣 齋醮 立券 動土 栽種	成服 除服 訴訟 進人口 納采 安床	正北	子平丑吉寅凶卯凶 辰吉巳吉午平未吉 申吉酉平戌平亥凶	虎
10 7	中秋節翌日	二	己酉	建	移徙 入宅 開市 祈福 上樑 納財 入學 立券 納采 求嗣 祭祀 造葬	開倉 開井 訴訟 伐木 架馬 上蓋 起灶 裁衣 豎柱 經絡 造倉 築隄	正北	子吉丑凶寅平卯凶 辰吉巳吉午吉未吉 申吉酉平戌平亥凶	兔
10 8	寒露	三	庚戌	建	祈福 上樑 納財 入學 立券 納采 納畜 齋醮	開倉 開井 破土 訴訟 經絡 修墓 築隄	正東	子凶丑吉寅平卯平 辰凶巳平午吉未吉 申吉酉平戌凶亥凶	龍
10 9	八月十八	四	辛亥	除	齋醮 沐浴 除服 求醫 破屋 動土 立券 栽種 納畜 交易 納采	移徙 出行 起造 架馬 開倉 造倉 破屋 合醬 裁衣 安門	正東	子平丑吉寅吉卯吉 辰凶巳凶午吉未吉 申平酉凶戌吉亥凶	蛇
10 10	八月十九	五	壬子	除	交易 立券 開倉 齋醮 求醫 安葬 起灶 納采	訴訟 入宅 起造 造器皿 破屋 破土 修墓 築隄 裁衣	正南	子吉丑吉寅吉卯吉 辰凶巳吉午凶未吉 申凶酉平戌平亥凶	馬
10 11	八月二十	六	癸丑	滿	動土 平治 安機 納畜 造倉 納財 齋醮 求嗣 造葬 起灶 納采 開倉	安床 破土 解除 破屋 開市 放水 訴訟 行船	正南	子吉丑吉寅平卯平 辰凶巳吉午平未凶 申吉酉吉戌吉亥凶	羊

西曆月日	農曆	星期	干支	建星	宜	忌	財位	是日吉時	沖
10 12	八月廿一	日	甲寅	定	修造 祈福 入學 納畜 造葬 交易 立券 合壽木 捕獵 移徙	受死日 百事忌 除捕獵外 宜事少取	東南	子平丑平寅吉卯平 辰凶巳平午凶未吉 申凶酉吉戌吉亥凶	猴
10 13	八月廿二	一	乙卯	執	祭祀 祈福 立券 捕捉 納采 動土 交易 求嗣 齋醮 合壽木 開光	起造 架馬 納財 開倉 造倉 栽種 開井 納畜 探病 嫁娶	東南	子平丑平寅吉卯吉 辰凶巳凶午平未吉 申吉酉凶戌吉亥凶	雞
10 14	八月廿三	二	丙辰	破	求醫 納畜 造倉 納財 解除 訴訟 求嗣 祭祀 祈福 造葬 動土 交易	月破日 百事忌 除求醫外 宜事少取	正西	子平丑平寅平卯平 辰凶巳吉午平未平 申吉酉吉戌凶亥凶	狗
10 15	八月廿四	三	丁巳	危	入宅 開市 祭祀 祈福 安床 破土 造倉 齋醮 求嗣 造葬 入學 納財	行船 成服 除服 求醫 開井 動土 伐木 針灸 架馬 納畜 穿耳洞 上蓋	正西	子平丑吉寅平卯凶 辰凶巳吉午吉未吉 申平酉吉戌吉亥凶	豬
10 16	八月廿五	四	戊午	成	動土 移徙 交易 開倉 出行 立券 栽種 納畜 入學 造葬 納采 祈福	赴任 訴訟 伐木 針灸 架馬 造倉 經絡	正北	子凶丑平寅凶卯吉 辰凶巳吉午平未吉 申吉酉吉戌平亥凶	鼠
10 17	八月廿六	五	己未	收	祈福 納財 捕獵 栽種 出行 起灶	開市 移徙 入學 破土 造葬 安床 開倉 開井 安門 架馬 進人口 合醬	正北	子平丑凶寅吉卯吉 辰凶巳吉午吉未吉 申吉酉平戌平亥凶	牛
10 18	八月廿七	六	庚申	開	祈福 入學 交易 求醫 造葬 納采 入宅 納財 齋醮 求嗣 栽種 起灶	開倉 安門 上樑 經絡	正東	子凶丑吉寅凶卯平 辰凶巳吉午吉未吉 申吉酉平戌凶亥凶	虎

西曆月日	農曆	星期	干支	建星	宜	忌	財位	是日吉時	沖
10 19	八月廿八	日	辛酉	閉	築隄 安葬 針灸 納采 破土 修墓	動土 移徙 出行 起造 納畜 詞訟 伐木 架馬 裁衣 合醬 齋醮	正東	子平丑平寅吉卯凶 辰凶巳吉午吉未平 申平酉凶戌平亥凶	兔
10 20	八月廿九	一	壬戌	建	移徙 赴任 祈福 上樑 納財 入學 立券 出行 入宅 開市 交易 齋醮	開井 破土 詞訟 修墓 築隄 造葬	正南	子平丑平寅吉卯吉 辰凶巳吉午平未吉 申凶酉平戌吉亥凶	龍
10 21	九月初一	二	癸亥	除	開市 齋醮 沐浴 除服 求醫 破屋 入宅 立券 栽種 納畜 交易 納財	出行 移徙 破土 起造 架馬 造倉 上蓋 起灶 裁衣 破屋 詞訟 合醬	正南	子平丑平寅吉卯吉 辰凶巳凶午吉未凶 申平酉平戌吉亥凶	蛇
10 22	九月初二	三	甲子	滿	交易 納財 立券 移徙 齋醮 求醫 納采 放水	詞訟 破土 入宅 起造 造器皿 破屋 裁衣 修墓 築隄	東南	子吉丑吉寅吉卯平 辰凶巳平午凶未吉 申吉酉平戌平亥凶	馬
10 23	霜降	四	乙丑	平	平治 安機 納畜 造倉 齋醮 求嗣 納采 出行 交易 放水	安床 破土 解除 破屋 栽種 豎柱 伐木 架馬 經絡 裁衣 嫁娶	東南	子吉丑吉寅吉卯吉 辰凶巳凶午平未凶 申吉酉吉戌平亥凶	羊
10 24	九月初四	五	丙寅	定	祈福 入學 納畜 交易 齋醮 立券 捕獵	受死日 百事忌 除捕獵外 宜事少取	正西	子吉丑平寅平卯吉 辰凶巳平午吉未平 申凶酉吉戌平亥凶	猴
10 25	九月初五	六	丁卯	執	祭祀 祈福 立券 捕捉 納采 交易 求嗣 齋醮 入學	移徙 破土 起造 架馬 納財 開倉 造倉 安葬 裁衣 剃頭 開井 豎柱	正西	子平丑平寅吉卯凶 辰凶巳吉午吉未吉 申凶酉凶戌平亥凶	雞

西曆月日	農曆	星期	干支	建星	宜	忌	財位	是日吉時	沖
10 26	九月初六	日	戊辰	破	求醫 納畜 納財 解除 訴訟 求嗣 祭祀 祈福 造葬 齋醮	月破日 百事忌 除求醫外 宜事少取	正北	子平丑吉寅凶卯吉 辰凶巳吉午平未吉 申吉酉吉戌凶亥凶	狗
10 27	九月初七	一	己巳	危	嫁娶 祭祀 祈福 安床 造倉 起灶 齋醮 納采 求嗣 造葬 納財 開光	行船 動土 成服 除服 求醫 開井 伐木 針灸 架馬 納畜 穿耳洞 放水	正北	子吉丑凶寅吉卯平 辰凶巳平午吉未吉 申吉酉平戌平亥凶	豬
10 28	九月初八	二	庚午	成	交易 開倉 出行 立券 豎柱 栽種 納畜 入學 赴任 造葬 納采 入宅	訴訟 伐木 針灸 架馬 經絡 探病	正東	子凶丑吉寅吉卯平 辰凶巳平午吉未吉 申吉酉吉戌凶亥凶	鼠
10 29	重陽節	三	辛未	收	祈福 納財 捕獵 修造 入宅 納采	移徙 開市 入學 交易 安床 開倉 開井 動土 安門 架馬 進人口 合醬	正東	子平丑凶寅吉卯吉 辰凶巳吉午吉未平 申吉酉凶戌平亥凶	牛
10 30	九月初十	四	壬申	開	赴任 入宅 祈福 入學 交易 求醫 納財 齋醮 求嗣 栽種 造葬 修墓	上蓋 起灶 裁衣 安門 上樑	正南	子吉丑吉寅凶卯吉 辰凶巳吉午平未吉 申凶酉吉戌平亥凶	虎
10 31	九月十一	五	癸酉	閉	築隄 安葬 針灸 納財 納采 開倉 修墓	出行 起造 納畜 訴訟 起灶 伐木 架馬 合醬 齋醮	正南	子吉丑吉寅吉卯凶 辰凶巳吉午平未凶 申吉酉平戌平亥凶	兔
11 1	九月十二	六	甲戌	建	祈福 上樑 納財 入學 立券 出行 交易 納畜 納采	開倉 開井 破土 動土 訴訟 豎柱 伐木 架馬 經絡 修墓 築隄 造葬	東南	子平丑吉寅吉卯吉 辰凶巳吉午凶未吉 申平酉平戌平亥凶	龍

西曆月日	農曆	星期	干支	建星	宜	忌	財位	是日吉時	沖
11 2	九月十三	日	乙亥	除	齋醮 沐浴 除服 求醫 破屋 入宅 立券 納畜 交易 納財 納采	安葬 破土 起造 架馬 開倉 造倉 破屋	東南	子吉丑吉寅吉卯吉 辰凶巳凶午平未吉 申平酉平戌平亥凶	蛇
11 3	九月十四	一	丙子	滿	交易 納財 立券 開倉 齋醮 求醫 安葬 開光	訴訟 破土 起造 造器皿 破屋 起灶 行船 修墓 築隄	正西	子吉丑吉寅平卯平 辰凶巳吉午凶未平 申平酉吉戌吉亥凶	馬
11 4	九月十五	二	丁丑	平	平治 安機 納畜 造倉 納財 齋醮 求嗣	安床 破土 解除 破屋 剃頭 嫁娶	正西	子吉丑平寅平卯凶 辰凶巳吉午吉未凶 申平酉吉戌平亥凶	羊
11 5	九月十六	三	戊寅	定	開市 修造 祈福 入學 納畜 造葬 交易 立券 捕獵 移徙 修墓	受死日 百事忌 除捕獵外 宜事少取	正北	子平丑吉寅凶卯吉 辰凶巳吉午吉未吉 申凶酉平戌平亥凶	猴
11 6	九月十七	四	己卯	執	祭祀 祈福 立券 捕捉 納采 交易 求嗣 齋醮 修墓	移徙 安葬 起造 架馬 納財 開倉 造倉 開井 合醬 裁衣 納畜 探病	正北	子吉丑凶寅吉卯吉 辰凶巳平午吉未吉 申平酉凶戌平亥凶	雞
11 7	立冬	五	庚辰	執	赴任 開市 祭祀 祈福 立券 捕獵 捕捉 齋醮 求醫 解除 訴訟 造葬	開井 經絡	正東	子凶丑吉寅吉卯平 辰吉巳凶午吉未吉 申平酉平戌凶亥凶	狗
11 8	九月十九	六	辛巳	破	求醫 移徙 祈福 齋醮	月破日 百事忌 除求醫外 宜事少取	正東	子平丑吉寅吉卯平 辰平巳凶午吉未吉 申平酉凶戌吉亥凶	豬

西曆月日	農曆	星期	干支	建星	宜	忌	財位	是日吉時	沖
11 9	九月二十	日	壬午	危	祭祀 祈福 安床 求醫 齋醮 造葬 納采 動土 修造 交易 栽種 開光	起造 行船 訴訟 架馬 進人口 納畜 開倉 造倉 探病	正南	子凶丑吉寅吉卯吉 辰平巳凶午吉未凶 申凶酉平戌平亥凶	鼠
11 10	九月廿一	一	癸未	成	動土 破土 交易 開倉 立券 栽種 納畜 入學 造葬 造倉 祭祀 祈福	訴訟 上蓋 裁衣 安床 行船 伐木 架馬 經絡	正南	子吉丑凶寅吉卯吉 辰平巳凶午吉未凶 申平酉平戌吉亥凶	牛
11 11	九月廿二	二	甲申	收	納財 捕獵 入宅 造倉	受死日 百事忌 除捕獵外 宜事少取	東南	子吉丑吉寅凶卯平 辰吉巳凶午凶未吉 申吉酉吉戌平亥凶	虎
11 12	九月廿三	三	乙酉	開	動土 移徙 赴任 入學 安床 開市 交易 豎柱 求醫 造葬 納采 納畜	伐木 針灸 架馬 解除 破屋 合醬	東南	子吉丑吉寅吉卯凶 辰吉巳凶午平未平 申吉酉吉戌平亥凶	兔
11 13	九月廿四	四	丙戌	閉	築隄 納財 納采 求嗣 造葬	破土 架馬 開倉 造倉 解除 破屋 起灶	正西	子吉丑平寅吉卯吉 辰凶巳凶午平未平 申吉酉吉戌吉亥凶	龍
11 14	九月廿五	五	丁亥	建	上樑 入學 立券 齋醮 求嗣 納采 交易	移徙 開倉 開井 破土 成服 除服 求醫 安床 納畜 穿耳洞 針灸 剃頭	正西	子平丑吉寅吉卯凶 辰平巳凶午吉未吉 申平酉吉戌吉亥凶	蛇
11 15	九月廿六	六	戊子	除	祭祀 祈福 齋醮 解除 沐浴 除服 求醫 破屋 針灸 納財 交易 納采	安葬 造葬 訴訟 動土 伐木 架馬 捕獵 納畜	正北	子平丑吉寅凶卯吉 辰吉巳凶午凶未平 申吉酉吉戌平亥凶	馬

西曆月日	農曆	星期	干支	建星	宜	忌	財位	是日吉時	沖
11 16	九月廿七	日	己丑	滿	開市 交易 立券 納畜 開光	栽種 起造 豎柱 安門 上樑 起灶 裁衣 破土 修墓 築隄	正北	子吉丑凶寅吉卯吉 辰平巳凶午平未凶 申吉酉吉戌平亥凶	羊
11 17	九月廿八	一	庚寅	平	平治 安機 出行 動土 交易 入宅 齋醮 祈福 立券 栽種 納財 移徙	安床 破土 訴訟 起造 安門 安葬 架馬 造器皿 造倉 經絡 嫁娶	正東	子凶丑吉寅吉卯吉 辰吉巳凶午平未平 申凶酉平戌凶亥凶	猴
11 18	九月廿九	二	辛卯	定	祭祀 祈福 入學 納畜 上樑 造葬 出行 納采 動土 交易 齋醮 納財	起造 移徙 訴訟 安床 裁衣 合醬 開井	正東	子平丑平寅吉卯吉 辰平巳凶午吉未平 申平酉凶戌吉亥凶	雞
11 19	九月三十	三	壬辰	執	祭祀 祈福 立券 捕獵 捕捉 求醫 解除 訴訟 交易 納采 放水 造葬	移徙 開市 出行 入宅 破土 開井 動土 上蓋 起灶 裁衣 合醬 豎柱	正南	子平丑吉寅吉卯吉 辰平巳凶午平未平 申凶酉吉戌凶亥凶	狗
11 20	十月初一	四	癸巳	破	求醫 放水	月破日 百事忌 除求醫外 宜事少取	正南	子吉丑平寅平卯吉 辰吉巳凶午平未凶 申吉酉平戌吉亥凶	豬
11 21	十月初二	五	甲午	危	修造 動土 嫁娶 安葬 祭祀 祈福 安床 破土 求醫 納采 造葬 開市	行船 訴訟 起造 架馬 進人口 納畜 造倉	東南	子凶丑吉寅吉卯平 辰平巳凶午凶未吉 申平酉吉戌平亥凶	鼠
11 22	小雪	六	乙未	成	開市 修造 動土 破土 交易 開倉 立券 豎柱 納畜 入學 造葬 祈福	訴訟 起造 裁衣 安床	東南	子吉丑凶寅吉卯吉 辰平巳凶午平未平 申吉酉平戌吉亥凶	牛

西曆月日	11/23	11/24	11/25	11/26	11/27	11/28	11/29
農曆	十月初四	十月初五	十月初六	十月初七	十月初八	十月初九	十月初十
星期	日	一	二	三	四	五	六
干支	丙申	丁酉	戊戌	己亥	庚子	辛丑	壬寅
建星	收	開	閉	建	除	滿	平
宜	納財 捕獵 入宅 造倉 開光	動土 入學 安床 交易 豎柱 求醫 納畜 造倉 納財 求嗣 齋醮 栽種	入宅 安葬 築隄 納財 納采 求嗣 造葬	上樑 入學 立券 齋醮 求嗣 交易	祭祀 祈福 齋醮 解除 沐浴 除服 求醫 破屋 針灸 納財 交易 納采	交易 納財 立券 納畜	平治 安機 納采 入宅 祈福 齋醮 立券 栽種 納財 解除 修墓
忌	受死日 百事忌 除捕獵外 宜事少取	移徙 伐木 針灸 架馬 解除 破屋 放水 剃頭	出行 架馬 開倉 造倉 解除 破屋	開倉 開井 破土 成服 除服 求醫 移徙 安床 栽種 納畜 穿耳洞 針灸	訴訟 伐木 架馬 經絡 破土 修墓 造倉 築隄 捕獵 栽種 納畜	安葬 栽種 起造 上蓋 起灶 裁衣 豎柱 安門 上樑 入宅 合醬 破土	安床 訴訟 起造 安門 架馬 造器皿 造倉 探病
財位	正西	正西	正北	正北	正東	正東	正南
是日吉時	子吉丑吉寅凶卯平 辰凶巳凶午平未吉 申吉酉吉戌吉亥凶	子平丑平寅平卯凶 辰平巳凶午吉未吉 申平酉吉戌平亥凶	子平丑吉寅凶卯吉 辰凶巳凶午吉未吉 申吉酉平戌平亥凶	子吉丑凶寅吉卯吉 辰平巳凶午吉未吉 申吉酉平戌平亥凶	子凶丑吉寅平卯平 辰平巳凶午凶未吉 申吉酉吉戌凶亥凶	子平丑吉寅吉卯吉 辰平巳凶午吉未凶 申吉酉凶戌平亥凶	子平丑吉寅吉卯吉 辰平巳凶午平未吉 申凶酉平戌吉亥凶
沖	虎	兔	龍	蛇	馬	羊	猴

西曆月日	農曆	星期	干支	建星	宜	忌	財位	是日吉時	沖
11/30	十月十一	日	癸卯	定	動土 移徙 赴任 安葬 祭祀 祈福 開市 入學 納畜 上樑 造葬 出行	訴訟 起造 安床 開井 合醬	正南	子吉丑平寅吉卯吉 辰平巳凶午平未凶 申平酉凶戌吉亥凶	雞
12/1	十月十二	一	甲辰	執	赴任 開市 修造 祭祀 祈福 立券 捕獵 捕捉 求醫 解除 訴訟 交易	開井 起造	東南	子吉丑吉寅平卯平 辰吉巳凶午凶未吉 申平酉吉戌凶亥凶	狗
12/2	十月十三	二	乙巳	破	求醫 赴任 祈福 造葬 納采 動土 交易 入宅 祭祀 開倉	月破日 百事忌 除求醫外 宜事少取	東南	子吉丑吉寅平卯平 辰平巳凶午平未平 申吉酉吉戌吉亥凶	豬
12/3	十月十四	三	丙午	危	祭祀 祈福 安床 求醫 納采 合壽木 動土 修造 造葬 交易 修墓	行船 訴訟 起造 架馬 納財 進人口 納畜 開倉 造倉 起灶 裁衣 嫁娶	正西	子凶丑平寅平卯平 辰凶巳凶午吉未平 申吉酉吉戌吉亥凶	鼠
12/4	十月十五	四	丁未	成	開市 修造 動土 破土 交易 開倉 立券 豎柱 栽種 納畜 入學 造葬	訴訟 剃頭 安床	正西	子平丑凶寅平卯凶 辰平巳凶午吉未吉 申平酉吉戌平亥凶	牛
12/5	十月十六	五	戊申	收	納財 捕獵 入宅 造倉	受死日 百事忌 除捕獵外 宜事少取	正北	子平丑吉寅凶卯平 辰吉巳凶午平未吉 申吉酉平戌平亥凶	虎
12/6	十月十七	六	己酉	開	動土 入學 安床 交易 豎柱 出行 求醫 納畜 造倉 納財 求嗣 齋醮	移徙 伐木 針灸 架馬 解除 破屋 放水 合醬	正北	子吉丑凶寅平卯凶 辰吉巳凶午吉未吉 申吉酉平戌平亥凶	兔

西曆月日	農曆	星期	干支	建星	宜	忌	財位	是日吉時	沖
12 7	大雪	日	庚戌	開	祈福 入學 安床 交易 豎柱 求醫 栽種 入宅 齋醮 造葬 開光	破土 起造 架馬 開倉 造倉 經絡	正東	子凶丑吉寅平卯平 辰凶巳平午凶未吉 申吉酉平戌凶亥凶	龍
12 8	十月十九	一	辛亥	閉	修造 動土 移徙 赴任 安葬 祈福 祭祀 築隄 求醫 針灸 齋醮 求嗣	出行 合醬	正東	子平丑吉寅吉卯吉 辰平巳凶午凶未吉 申平酉凶戌吉亥凶	蛇
12 9	十月二十	二	壬子	建	祈福 納財 入學 立券 交易 齋醮	開倉 開井 破土 動土 起造 移徙 栽種 伐木 架馬 入宅 修墓 造倉	正南	子吉丑吉寅吉卯吉 辰吉巳吉午凶未吉 申凶酉平戌平亥凶	馬
12 10	十月廿一	三	癸丑	除	祭祀 祈福 齋醮 解除 沐浴 破屋 赴任 納采 動土 交易 入宅 納財	安葬 成服 起造 訴訟 行船	正南	子吉丑吉寅平卯平 辰吉巳吉午凶未凶 申吉酉吉戌吉亥凶	羊
12 11	十月廿二	四	甲寅	滿	交易 納財 立券 納畜 納采 入宅 齋醮 求嗣 解除	訴訟 起造 架馬 破土 修墓 築隄 探病	東南	子平丑平寅吉卯平 辰吉巳平午凶未吉 申凶酉吉戌吉亥凶	猴
12 12	十月廿三	五	乙卯	平	移徙 開市 平治 安機 交易 納財 捕獵 祈福 造葬	受死日 百事忌 除捕獵外 宜事少取	東南	子平丑平寅吉卯吉 辰平巳凶午凶未吉 申吉酉凶戌吉亥凶	雞
12 13	十月廿四	六	丙辰	定	祭祀 祈福 入學 納畜 上樑 出行 納采 動土 交易 入宅 齋醮 求嗣	訴訟 起造 架馬 造器皿	正西	子平丑平寅平卯平 辰凶巳吉午凶未平 申吉酉吉戌凶亥凶	狗

西曆月日	農曆	星期	干支	建星	宜	忌	財位	是日吉時	沖
12 14	十月廿五	日	丁巳	執	立券 修造 捕獵 捕捉 動土 栽種 納采 求嗣 合壽木 交易 開光 起灶	破土 納財 進人口 解除 破屋 裁衣 剃頭 豎柱 伐木 架馬 經絡	正西	子平丑吉寅平卯凶 辰平巳吉午凶未吉 申平酉吉戌吉亥凶	豬
12 15	十月廿六	一	戊午	破	求醫 納采 求嗣 立券 納財	月破日 百事忌 除求醫外 宜事少取	正北	子凶丑平寅凶卯吉 辰平巳吉午凶未吉 申吉酉吉戌平亥凶	鼠
12 16	十月廿七	二	己未	危	破土 納采 納財 起造	赴任 動土 移徙 開市 出行 行船 交易 納畜 求醫 解除 破屋 裁衣	正北	子平丑凶寅吉卯吉 辰平巳吉午凶未吉 申吉酉平戌平亥凶	牛
12 17	十月廿八	三	庚申	成	修造 動土 移徙 開市 破土 交易 立券 豎柱 入學 造葬 納采 入宅	訴訟 伐木 針灸 架馬 裁衣 經絡 安床	正東	子凶丑吉寅凶卯平 辰吉巳吉午凶未吉 申吉酉平戌凶亥凶	虎
12 18	十月廿九	四	辛酉	收	赴任 出行 起灶 放水	入學 交易 安床 開倉 開井 安門 祭祀 伐木 針灸 架馬 合醬 動土	正東	子平丑平寅吉卯凶 辰吉巳吉午凶未平 申平酉凶戌平亥凶	兔
12 19	十月三十	五	壬戌	開	祈福 動土 入學 修造 安床 交易 豎柱 求醫 栽種 入宅	嫁娶 移徙 安葬 破土 起造 架馬 開倉 造倉 納采 合醬	正南	子平丑平寅吉卯吉 辰凶巳吉午凶未吉 申凶酉平戌吉亥凶	龍
12 20	十一月初一	六	癸亥	閉	祈福 祭祀 築隄 修造 求醫 針灸 齋醮 求嗣 入學 交易	移徙 出行 破土 造葬 裁衣 訴訟 合醬 入宅 安門	正南	子平丑平寅吉卯吉 辰吉巳凶午凶未凶 申平酉平戌吉亥凶	蛇

西曆月日	農曆	星期	干支	建星	宜	忌	財位	是日吉時	沖
12 21	冬至	日	甲子	建	祈福 納財 入學 立券 納采 交易 祭祀 求嗣 齋醮 開光	開井 破土 栽種 起造 伐木 架馬 上蓋 起灶 裁衣 安門 放水 豎柱	東南	子吉丑吉寅吉卯平 辰吉巳平午凶未吉 申吉酉平戌平亥凶	馬
12 22	十一月初三	一	乙丑	除	祭祀 祈福 齋醮 解除 沐浴 破屋 納采 交易 入宅 納財 開倉	成服 進人口 安葬 起造 放水 栽種	東南	子吉丑吉寅吉卯吉 辰平巳凶午凶未凶 申吉酉吉戌平亥凶	羊
12 23	十一月初四	二	丙寅	滿	移徙 安葬 開市 交易 納財 立券 納畜 造葬 入宅 齋醮 求嗣 納采	訴訟 起造 架馬 起灶 豎柱 伐木 經絡 破土 修墓 築隄	正西	子吉丑平寅平卯吉 辰凶巳平午凶未平 申凶酉吉戌平亥凶	猴
12 24	十一月初五	三	丁卯	平	開市 修造 平治 安機 交易 納財 祈福 齋醮 造葬 捕獵	受死日 百事忌 除捕獵外 宜事少取	正西	子平丑平寅吉卯凶 辰平巳吉午凶未吉 申平酉凶戌平亥凶	雞
12 25	聖誕節	四	戊辰	定	祭祀 祈福 修造 入學 納畜 上樑 出行 納采 動土 交易 入宅 齋醮	移徙 安葬 訴訟 起造 架馬 造器皿	正北	子平丑吉寅凶卯吉 辰平巳吉午凶未吉 申吉酉吉戌凶亥凶	狗
12 26	聖誕節翌日	五	己巳	執	立券 修造 捕獵 捕捉 動土 栽種 納采 求嗣 起造 交易	納財 進人口 解除 破屋 合醬	正北	子吉丑凶寅吉卯平 辰平巳平午凶未吉 申吉酉平戌平亥凶	豬
12 27	十一月初八	六	庚午	破	開市 求醫 納采 求嗣 造葬 立券 交易 納財 修墓	月破日 百事忌 除求醫外 宜事少取	正東	子凶丑吉寅吉卯平 辰平巳平午凶未吉 申吉酉吉戌凶亥凶	鼠

2026

西曆 月	12	12	12	12	1	1	1
西曆 日	28	29	30	31	1	2	3
農曆	十一月初九	十一月初十	十一月十一	十一月十二	元旦	十一月十四	十一月十五
星期	日	一	二	三	四	五	六
干支	辛未	壬申	癸酉	甲戌	乙亥	丙子	丁丑
建星	危	成	收	開	閉	建	除
宜	納采 納財 起造 開光 安葬	修造 動土 破土 交易 立券 豎柱 入學 造葬 造倉 祈福 修墓	納財 出行 造倉	祈福 入學 安床 交易 豎柱 求醫 入宅 栽種	入宅 移徙 出行 進人口 修造 動土 起基 上樑 安門 造倉 補垣 塞穴	赴任 祈福 納財 入學 立券 齋醮 交易 造葬	祭祀 祈福 齋醮 解除 沐浴 破屋 納采 動土 交易 入宅 納財 赴任
忌	開市 赴任 修造 出行 移徙 行船 交易 納畜 求醫 起灶 解除 破屋	訴訟 伐木 針灸 架馬 安床	入學 交易 安床 開倉 開井 安門 祭祀 伐木 針灸 架馬 上蓋 裁衣	破土 起造 架馬 造倉 裁衣 納財	嫁娶 開市 安床 栽種 安葬 祈福 開光 掘井 安葬	開倉 開井 破土 起造 栽種 伐木 架馬 入宅 起灶 行船 修墓 造倉	移徙 破土 成服 起造 進人口 放水 剃頭
財位	正東	正南	正南	東南	東南	正西	正西
是日吉時	子平丑凶寅吉卯吉 辰平巳吉午凶未平 申吉酉凶戌平亥凶	子吉丑吉寅凶卯吉 辰吉巳吉午凶未吉 申凶酉吉戌平亥凶	子吉丑吉寅吉卯凶 辰吉巳吉午凶未凶 申吉酉平戌平亥凶	子平丑吉寅吉卯吉 辰凶巳吉午凶未吉 申平酉平戌平亥凶	子吉丑吉寅吉卯吉 辰平巳凶午凶未吉 申平酉平戌平亥凶	子吉丑吉寅平卯平 辰凶巳吉午凶未平 申平酉吉戌吉亥凶	子吉丑平寅平卯凶 辰平巳吉午凶未凶 申平酉吉戌平亥凶
沖	牛	虎	兔	龍	蛇	馬	羊

西曆月日	農曆	星期	干支	建星	宜	忌	財位	是日吉時	沖
1 4	十一月十六	日	戊寅	滿	交易 納財 立券 納畜 入宅 齋醮 求嗣 栽種 開光 納采 解除	訴訟 起造 架馬 築隄	正北	子平丑吉寅凶卯吉 辰吉巳吉午凶未吉 申凶酉平戌平亥凶	猴
1 5	小寒	一	己卯	滿	交易 納財 立券 出行 開倉 納畜 造葬 齋醮 納采	成服 除服 求醫 解除 破屋 開井 合醬 築隄 探病	正北	子吉丑凶寅吉卯吉 辰平巳平午吉未凶 申平酉凶戌平亥凶	雞
1 6	十一月十八	二	庚辰	平	平治 安機 出行 納財 交易 齋醮 納采 動土	起造 安床 破土 安門 訴訟 進人口 納畜 解除 破屋 經絡 嫁娶	正東	子凶丑吉寅吉卯平 辰吉巳吉午吉未凶 申平酉平戌凶亥凶	狗
1 7	十一月十九	三	辛巳	定	祭祀 祈福 入學 納畜 上樑 動土 交易 入宅 齋醮	安床 起造 栽種 開倉 上蓋 起灶 裁衣 合醬	正東	子平丑吉寅吉卯平 辰平巳吉午吉未凶 申平酉凶戌吉亥凶	豬
1 8	十一月二十	四	壬午	執	立券 捕捉 解除 破土 修墓	動土 開市 入宅 交易 納畜 起灶 起造 架馬 納財 造器皿 開倉 造倉	正南	子凶丑吉寅吉卯吉 辰平巳吉午平未凶 申凶酉平戌平亥凶	鼠
1 9	十一月廿一	五	癸未	破	動土 求醫 齋醮 造葬 栽種 交易 修墓	月破日 百事忌 除求醫外 宜事少取	正南	子吉丑凶寅吉卯吉 辰平巳吉午吉未凶 申平酉平戌吉亥凶	牛
1 10	十一月廿二	六	甲申	危	開市 祭祀 祈福 破土 動土 齋醮 納畜 造倉 入宅 立券 栽種 求嗣	出行 移徙 行船 伐木 針灸 架馬 裁衣 訴訟	東南	子吉丑吉寅凶卯平 辰吉巳吉午凶未凶 申吉酉吉戌平亥凶	虎

西曆月日	農曆	星期	干支	建星	宜	忌	財位	是日吉時	沖
1 11	十一月廿三	日	乙酉	成	破土 交易 開倉 立券 豎柱 入學 造葬 造倉 捕獵 祈福 祭祀 開光	受死日 百事忌 除捕獵外 宜事少取	東南	子吉丑吉寅吉卯凶 辰吉巳凶午平未凶 申吉酉吉戌平亥凶	兔
1 12	十一月廿四	一	丙戌	收	祈福 納財 捕獵 修造 入宅 求嗣 齋醮 納采 裁衣	安葬 入學 交易 破土 造葬 安床 開倉 開井 起造 架馬 造倉 起灶	正西	子吉丑平寅吉卯吉 辰凶巳吉午平未凶 申吉酉吉戌吉亥凶	龍
1 13	十一月廿五	二	丁亥	開	赴任 開市 祈福 入學 修造 安床 交易 求醫 造倉 齋醮 求嗣 納采	破土 開倉 安門 上樑 裁衣 剃頭	正西	子平丑吉寅吉卯凶 辰平巳凶午吉未凶 申平酉吉戌吉亥凶	蛇
1 14	十一月廿六	三	戊子	閉	祈福 祭祀 築隄 造葬 納采 交易 入宅 求醫 求嗣 納財 放水	破土 伐木 架馬 納畜 穿耳洞 裁衣	正北	子平丑吉寅凶卯吉 辰吉巳吉午凶未凶 申吉酉吉戌平亥凶	馬
1 15	十一月廿七	四	己丑	建	祈福 上樑 納財 入學 立券 交易 放水	移徙 入宅 開倉 開井 破土 安葬 訴訟 豎柱 伐木 架馬 經絡 動土	正北	子吉丑凶寅吉卯吉 辰平巳吉午平未凶 申吉酉吉戌平亥凶	羊
1 16	十一月廿八	五	庚寅	除	齋醮 沐浴 除服 求醫 破屋 納財 交易 納采 入宅	開井 起造 架馬 造倉 上蓋 起灶 裁衣 破屋 經絡	正東	子凶丑吉寅吉卯吉 辰吉巳平午平未凶 申凶酉平戌凶亥凶	猴
1 17	十一月廿九	六	辛卯	滿	交易 納財 立券 出行 開倉 納畜 納采 入學	破土 成服 除服 求醫 解除 破屋 裁衣 合醬 開井 豎柱 伐木 架馬	正東	子平丑平寅吉卯吉 辰平巳吉午吉未凶 申平酉凶戌吉亥凶	雞

西曆月日	農曆	星期	干支	建星	宜	忌	財位	是日吉時	沖
1 18	十一月三十	日	壬辰	滿	平治 安機 出行 入宅 開市 納財 交易 開光 造葬	安床 破土 起造 安門 訴訟 進人口 納畜 祈福 解除 破屋 放水	正南	子平丑吉寅吉卯吉 辰平巳吉午平未凶 申凶酉吉戌凶亥凶	狗
1 19	十二月初一	一	癸巳	平	修造 祭祀 祈福 入學 納畜 上樑 造葬 納采 交易 入宅	破土 安床 起造 栽種 開倉 放水 訴訟	正南	子吉丑平寅平卯吉 辰吉巳吉午平未凶 申吉酉平戌吉亥凶	豬
1 20	大寒	二	甲午	定	立券 捕捉 解除 納采 修墓	開市 安葬 出行 入宅 赴任 交易 納畜 起灶 起造 架馬 納財 造器皿	東南	子凶丑吉寅吉卯平 辰平巳平午凶未凶 申平酉吉戌平亥凶	鼠
1 21	十二月初三	三	乙未	執	求醫 納采 造葬 交易 開倉	月破日 百事忌 除求醫外 宜事少取	東南	子吉丑凶寅吉卯吉 辰平巳凶午平未凶 申吉酉平戌吉亥凶	牛
1 22	十二月初四	四	丙申	破	入宅 祭祀 祈福 納畜 造倉 納財 立券 修造 栽種 齋醮 求嗣 納采	行船 伐木 針灸 架馬 起灶 訴訟	正西	子吉丑吉寅凶卯平 辰凶巳吉午平未凶 申吉酉吉戌吉亥凶	虎
1 23	十二月初五	五	丁酉	危	安葬 移徙 交易 開倉 立券 豎柱 栽種 入學 造葬 造倉 納財 祈福	受死日 百事忌 除捕獵外 宜事少取	正西	子平丑吉寅平卯凶 辰平巳平午吉未凶 申平酉吉戌平亥凶	兔
1 24	十二月初六	六	戊戌	成	祈福 納財 捕獵 修造 求嗣 齋醮	起造 開市 移徙 入學 交易 破土 造葬 安床 開倉 開井 動土 架馬	正北	子平丑吉寅凶卯吉 辰凶巳平午平未吉 申凶酉平戌平亥凶	龍

西曆月日	農曆	星期	干支	建星	宜	忌	財位	是日吉時	沖
1 25	十二月初七	日	己亥	開	祈福 入學 安床 交易 求醫 造倉 齋醮 求嗣 開光 納財	安葬 破土 上蓋 裁衣 開倉 安門 上樑 合醬	正北	子吉丑凶寅吉卯吉 辰平巳凶午吉未凶 申吉酉平戌平亥凶	蛇
1 26	十二月初八	一	庚子	閉	祈福 祭祀 築隄 安葬 造葬 納采 交易 入宅 求醫 求嗣 納財	破土 伐木 架馬 納畜 穿耳洞 經絡	正東	子凶丑吉寅平卯平 辰平巳平午凶未凶 申吉酉吉戌凶亥凶	馬
1 27	十二月初九	二	辛丑	建	移徙 祈福 入學 立券 開市 入宅	開倉 開井 破土 訴訟 合醬 修墓 造倉 築隄 裁衣	正東	子平丑吉寅吉卯吉 辰平巳吉午吉未凶 申吉酉凶戌平亥凶	羊
1 28	十二月初十	三	壬寅	除	開市 修造 齋醮 沐浴 除服 求醫 破屋 納財 交易 造葬 納采 入宅	移徙 開井 起造 架馬 造倉 破屋 探病	正南	子平丑吉寅吉卯吉 辰平巳平午平未凶 申凶酉平戌吉亥凶	猴
1 29	十二月十一	四	癸卯	滿	交易 納財 立券 出行 開倉 納畜 栽種 納采	成服 除服 求醫 解除 破屋 訴訟 開井 築隄	正南	子吉丑平寅吉卯吉 辰平巳平午平未凶 申平酉凶戌吉亥凶	雞
1 30	十二月十二	五	甲辰	平	平治 安機 出行 入宅 納財 交易 齋醮 造葬 納采	赴任 安床 破土 起造 安門 訴訟 進人口 納畜 解除 破屋 合醬	東南	子吉丑吉寅平卯平 辰吉巳平午凶未凶 申平酉吉戌凶亥凶	狗
1 31	十二月十三	六	乙巳	定	移徙 入宅 祭祀 祈福 入學 納畜 上樑 造葬 納采 交易	破土 安床 起造 栽種 納財 放水	東南	子吉丑吉寅平卯平 辰平巳凶午平未凶 申吉酉吉戌吉亥凶	豬

西曆月日	農曆	星期	干支	建星	宜	忌	財位	是日吉時	沖
2 1	十二月十四	日	丙午	執	立券 捕捉 解除 納采 合壽木 開光 修墓	出行 移徙 入宅 動土 交易 納畜 起灶 起造 架馬 納財 造器皿 開倉	正西	子凶丑平寅平卯平 辰凶巳吉午吉未凶 申吉酉吉戌吉亥凶	鼠
2 2	十二月十五	一	丁未	破	求醫 納采 造葬 修墓	月破日 百事忌 除求醫外 宜事少取	正西	子平丑凶寅平卯凶 辰平巳吉午吉未凶 申平酉吉戌平亥凶	牛
2 3	十二月十六	二	戊申	危	祭祀 祈福 納畜 造倉 納財 入宅 立券 栽種 齋醮 求嗣 交易 修墓	移徙 赴任 出行 行船 伐木 針灸 架馬 上蓋 起灶 裁衣 訴訟	正北	子平丑吉寅凶卯平 辰吉巳吉午平未凶 申吉酉平戌平亥凶	虎
2 4	立春	三	己酉	危	祭祀 祈福 安床 破土 齋醮 求嗣 納采 造葬 修造 入學 納財 修墓	起造 移徙 入宅 出行 行船 訴訟 架馬 開倉 造倉 進人口	正北	子凶丑凶寅平卯凶 辰吉巳吉午吉未吉 申凶酉平戌平亥凶	兔
2 5	十二月十八	四	庚戌	成	交易 開倉 立券 豎柱 入學 造葬 祈福 齋醮 納財 捕獵	受死日 百事忌 除捕獵外 宜事少取	正東	子凶丑吉寅平卯平 辰凶巳平午吉未吉 申凶酉平戌凶亥平	龍
2 6	十二月十九	五	辛亥	收	納財 捕獵 入宅 出行 納采 納畜 造倉 求嗣 齋醮 立券 栽種	入學 破土 安床 開倉 開井 安門 伐木 針灸 架馬 解除 破屋 合醬	正東	子凶丑吉寅吉卯吉 辰平巳凶午吉未吉 申凶酉凶戌吉亥平	蛇
2 7	十二月二十	六	壬子	開	動土 移徙 赴任 入學 安床 交易 豎柱 出行 求醫 齋醮 納畜 栽種	破土 訴訟 伐木 針灸 架馬 解除 破屋	正南	子凶丑吉寅吉卯吉 辰吉巳吉午凶未吉 申凶酉平戌平亥平	馬

西曆月日	農曆	星期	干支	建星	宜	忌	財位	是日吉時	沖
2 8	十二月廿一	日	癸丑	閉	築隄 求醫 納采 求嗣 造葬 齋醮 起灶	出行 開井 動土 架馬 開倉 造倉 納畜 穿耳洞 解除 破屋 移徙 裁衣	正南	子凶丑吉寅平卯平 辰吉巳吉午平未凶 申凶酉吉戌吉亥平	羊
2 9	十二月廿二	一	甲寅	建	祈福 上樑 納財 入學 立券 齋醮 求嗣 裁衣 開光 交易 入宅	安葬 開倉 開井 破土 訴訟 安床 修墓 造倉 築隄 探病	東南	子凶丑平寅吉卯平 辰吉巳平午凶未吉 申凶酉吉戌吉亥平	猴
2 10	十二月廿三	二	乙卯	除	祭祀 祈福 齋醮 解除 沐浴 除服 求醫 破屋 交易 納財 納采	移徙 起造 進人口 納畜 裁衣 栽種 開井 捕獵 探病	東南	子凶丑平寅吉卯吉 辰平巳凶午平未吉 申凶酉凶戌吉亥吉	雞
2 11	十二月廿四	三	丙辰	滿	入宅 開市 交易 立券 納畜 納采 放水	伐木 起造 架馬 栽種 豎柱 安門 上樑 裁衣 經絡 破土 修墓 築隄	正西	子凶丑平寅平卯平 辰凶巳吉午平未平 申凶酉吉戌凶亥吉	狗
2 12	十二月廿五	四	丁巳	平	平治 安機 移徙 納采 放水	安床 破土 納畜 求醫 安葬 起造 架馬 造倉 剃頭 齋醮 裁衣	正西	子凶丑吉寅平卯凶 辰平巳吉午吉未吉 申凶酉吉戌吉亥凶	豬
2 13	十二月廿六	五	戊午	定	祭祀 祈福 修造 入學 納畜 上樑 造葬 納采 動土 交易 納財 造倉	起造 訴訟 安床 合醬	正北	子凶丑平寅凶卯吉 辰平巳吉午平未吉 申凶酉吉戌平亥平	鼠
2 14	十二月廿七	六	己未	執	祭祀 祈福 立券 捕獵 捕捉 動土 納采 入學	移徙 出行 入宅 成服 除服 求醫 納財 上蓋 裁衣	正北	子凶丑凶寅吉卯吉 辰平巳吉午吉未吉 申凶酉平戌平亥凶	牛

西曆月日	農曆	星期	干支	建星	宜	忌	財位	是日吉時	沖
2 15	十二月廿八	日	庚申	破	求醫 解除 訴訟 祈福 出行 合壽木 造葬 起灶 修墓	月破日 百事忌 除求醫外 宜事少取	正東	子凶丑吉寅凶卯平 辰吉巳吉午吉未吉 申凶酉平戌凶亥平	虎
2 16	十二月廿九	一	辛酉	危	修造 動土 祭祀 祈福 安床 破土 齋醮 求嗣 合壽木 納采 造葬 交易	行船 訴訟 起造 架馬 開倉 造倉 進人口 放水 合醬 嫁娶	正東	子凶丑平寅吉卯凶 辰吉巳吉午吉未平 申凶酉凶戌平亥平	兔

董易奇2025蛇年開運招財寶典

作　　者 ／ **董易奇**
電　　話 ／ 852-5629 7117
香港地址 ／ 西九龍柯士甸道1號凱旋門朝日閣6C
聯繫方式 ／ 400-630-2225
聯繫地址 ／ 廣州市海珠區琶洲中洲中心南塔A座1801
官方網址 ／ https://yiqibazi.com　　email : customer@yiqibazi.com
搜　　尋 ／ Wechat : @易奇文化 / facebook & IG : yibi.bazi or 易奇八字

版式設計 ／ **鄭玉靈**
策劃統籌 ／ **鄭玉靈**
內容撰寫 ／ **黃雅琛　陳娟　張航語**
美　　工 ／ **小熊　陳進　易祈文化設計組**

出　　版 ／ **才藝館**（匯賢出版）
地址：新界葵涌大連排道144號金豐工業大廈2期14樓L室
Tel : 852-2428 0910　　Fax : 852-2429 1682
web : https://wisdompub.com.hk　　email : info@wisdompub.com.hk
facebook / google : wisdompub
出版查詢 ／ Tel : 852-9430 6306《Roy HO》

書店發行 ／ **一代匯集**
地址 : 九龍旺角塘尾道64號龍駒企業大廈10樓B & D室
Tel : 852-2783 8102　　Fax : 852-2396 0050
facebook : 一代滙集　　email: gcbookshop@biznetvigator.com

書報發行 ／ **青揚發展有限公司**
地址 : 香港九龍觀塘海濱道143號航天科技中心13樓
web : www.great-expect.com　　email : cs@century-china.com.hk
電話 : +852-3443 2211　　傳真 : +852-2707 0308

版　　次 ／ 2024年9月初版
定　　價 ／ (平裝) HK$78.00　　(平裝) NT$410.00
國際書號 ／ ISBN 978-988-75522-5-3
圖書類別 ／ 風水運程

擇日

一事一爻，知所謂卦爻彖象之義，而不知所謂卦爻彖象之用，亦非易也。

開光加持

開張開市

入伙吉日

安床安灶

擇吉出生

結婚吉日

興旺家宅

定婚結盟

工程動土

風水
尋龍點穴
撥砂納水
山水有情富貴來
風水分為：龍、穴、砂、水、向、意、形、天。中國古人把風水稱為堪輿，堪，天道；輿，地道。將堪輿家與五行家並行，本有仰觀天象，俯察地理之意，後世以之專稱看風水的人曰：「堪輿家」，故堪輿在中國民間亦稱之為風水。

命名
好命源自好名
命由天定，人自一出生性格是命定的，但後天的取名可以改變你的運勢，讓這一生的路程走得較順利、成功。